JN169042

経理高速化のための

7つの ITツール 活用戦略

公認会計士　古旗 淳一

Junichi Furuhata

税務経理協会

はじめに

本書は，これから経理スキルを磨いていこうとお考えの方に向けて，ITツールを活用して経理スキルを高めていく**“戦略”**について提案を示した本です。

読者層として，経理経験数年内の，比較的若手経理パーソンを第一に想定しています。

簿記の基礎やExcelのテクニック本は多くありますが，**長期的視点で経理スキルを伸ばしていくための方法を論じた本はほとんどないため，若手経理パーソンにとってのバイブル的書籍として活用されることを願っています。**

また，スキルアップに年齢は関係ないため，若手に限らず多くの経理パーソンに読んでいただきたい本ともなっています。経理は社外との交流の機会があまりなく，他社が具体的にどんな仕事をしているか気になっている方も多いでしょう。

本書は筆者の実務経験に，コンサルタント時代に拝見した他社事例や，企業内会計士仲間同士でのディスカッションを加味し，多くの会社に共通して効果のある戦略的なIT活用方法を体系的にまとめています。本書の内容を「基礎」として，ご自分の業務を改めて捉えなおし，さらに一段高いレベルに昇華するヒントとしてご活用いただけると考えています。

特に経理はチームプレーであるため，経理課長などの現場リーダーの仕事についても紙幅を割いています。すでにリーダーの方は，経理部全体をまとめるための参考として，これからリーダーになる方は，現在のリーダーがどんなことを考えているかのヒントとしてご覧いただければと思います。

序章にて詳述しますが，本書はExcelや会計システムの“活用術”ではなく，これらITツールの“活用戦略”を記しています。すなわち，**ITツールを“どのように使うか”ではなく，ITツールを使って“どのようなことを実現するか”という点に重きを置きました**。その方法論を，7つの活用戦略（Strategy）に集約し，それぞれ実現のための活用テクニックも紹介しながら解説しています。

そのため，**Excel活用術を羅列した解説書に比べてご紹介しているテクニックの数は少ないですが，なぜそのテクニックを用いることが有効なのか，そのテクニックで何を実現すればよいのかといった本質的な理解については，より納得感をもって学習できる内容になっています**。これは経理スキルにおける基礎的な部分であり，経理パーソンとしてキャリアの初期から身に付けていただきたいことなのです。

経理の道は長く奥深く，それでいて楽しいものです。ぜひ本書を読む際も，知的好奇心を持って，楽しんで読み進めていただければと思います。

平成27年12月

公認会計士　古旗　淳一

目　次

はじめに

序章　7つのITツール活用戦略

Section 1　経理高速化とは何か……1
Section 2　経理とIT……2
Section 3　本書のスタンス……3
Section 4　本書の内容……4

Strategy 1　スケジュールを“見える化”する

Section 1　進捗が見えづらい経理の現場……9
Section 2　スケジュールの遅延は経営判断のミスを招く……11
Section 3　スケジュールを“見える化”しよう……12
Section 4　スケジュール表は共有しよう……17
Section 5　スケジュールをどう守っていくか……19
Section 6　チェックリストと未了事項リスト……22
Section 7　忙しくない時期こそ何をすべきか考える……25
Section 8　残業前提のスケジュールを組んではいけない……27
Section 9　毎月のカイゼンは怠らない……29
　Strategy 1のまとめ……30

Strategy 2　情報はしっかり整理整頓

Section 1　刹那に生きる経理部員たち……31
Section 2　迷わないフォルダ体系を意識する……32
Section 3　よくある悪い例……33
Section 4　イベントに備えて台帳を用意しておく……40
Section 5　ファイル名に最終更新日付等を記入する……41
Section 6　ファイル名の名付けルールの例……42
Section 7　フォルダやファイルの順番にもこだわる……44
Strategy 2のまとめ……46

Strategy 3　美しい元帳を作成する

Section 1　元帳はキレイになっていますか？……47
Section 2　なぜ，美しい元帳が必要なのか……48
Section 3　読みやすく，探しやすく，情報が取りやすく……50
Section 4　会計システムとExcelを連動させる……54
Section 5　元帳の「切り方」を工夫する……56
Strategy 3のまとめ……65

Strategy 4　手作業をいかに減らしていくか

Section 1　手作業は非効率で不正確……67
Section 2　可能な限りデータ上で作業する……68
Section 3　関数を組み合わせたコピペ術……68
Section 4　SUMIFとVLOOKUPで情報自動取得……72
Section 5　証憑はなるべくデータで入手する……77
Section 6　受け取った“生データ”は保存しておく……80

Strategy４のまとめ……81

Strategy 5　Excelシートを作りこむ

Section 1　Excelは経理に不可欠の万能ツール……83
Section 2　繰り返す作業はExcelシートを作る……84
Section 3　Excel作成の基本はトライ＆エラー……85
Section 4　次回迷わないExcelシートを開発する……86
Section 5　作業をわかりやすくするシート構成テクニック……87
Section 6　使用する関数は限定する……98
Section 7　ファイルをまたぐセル参照は控えよう……100
Section 8　「非表示」よりも「グループ化」が便利……102
Section 9　マクロの活用と留意点……105
Section 10　イレギュラーな対応にはメモを残す……112
Section 11　印刷の設定方法……114
Strategy５のまとめ……121

Strategy 6　効果的かつ効率的なチェックを実施する

Section 1　経理高速化にミス防止は不可欠……123
Section 2　適切な自己チェックがミスを防ぐ……124
Section 3　要点を効率よくチェックする……125
Section 4　ミスのリスクを察知する嗅覚を磨く……127
Section 5　リスクに対応したチェック方法を選ぶ……131
Section 6　チェック項目のチェックリスト……133
Section 7　実はアテにならない目視チェック……134
Section 8　シートの要所にポカヨケを仕込む……135
Section 9　COUNTIFでの集計漏れ探し……141

Section 10　SUMIFを使った一括突合わせチェック…………142
Section 11　チェックの必要そのものを減らす努力を…………145
Strategy 6のまとめ…………146

Strategy 7　比較分析で異常値を発見する

Section 1　やたらと鼻が利く人々…………147
Section 2　異常値に対する嗅覚がキャリアを磨く…………148
Section 3　異常値のチェックは最後にやるもの…………149
Section 4　異常値チェックの基本は「比較分析」…………151
Section 5　金額と比率の2つの条件で抽出する…………152
Section 6　ここでも大活躍するSUMIF関数…………153
Section 7　具体的な比較分析の例…………154
Section 8　分析結果は必ず書き残そう…………163
Strategy 7のまとめ…………165

終章　経理パーソンのスキルとキャリア

Section 1　経理スキルは誰のものか…………167
Section 2　経理パーソンは貪欲たれ…………169
Section 3　使命感を持ち，成長を感じ，経理を楽しむ…………170

巻末付録　経理に役立つ厳選Excelテクニック…………173
関数編……173
数式編……175
機能編……181

おわりに…………183

序章
７つのITツール活用戦略

Section 1　経理高速化とは何か

（1）単なる作業スピードの向上ではない

本書は,「経理高速化」を目的とした業務戦略の本です。したがって,「経理を高速化したい」とお考えの方に向けて書かれています。

高速化とはスピードを上げることですが，これは急げ急げと手を早く動かすことではありません。**作業を無理なく計画通りに進めることで，完了の時間を早めることです。**

急がば回れという言葉がありますが，焦りながら作業をすると，大概の場合，土壇場でミスが見つかってやり直しとなり，かえって時間がかかるということが多いのです。本書ではそのようなミスが発生しないよう，**落ち着いて取り組み，適宜チェックを入れながら，それでいて作業時間を大幅に削減し，結果として作業完了が大幅に前倒しできる方法を具体的に提案しています。**

そのために必要不可欠なのがITツールです。経理がどのようにITを活用するかこそ，経理高速化の要諦と言っていいでしょう。

Section 2　経理とIT

（1）経理はIT抜きでは成り立たない

経理パーソンにとって，会計システム（記帳ソフト）やExcelといったITツールは，毎日向き合う仕事の相棒のような存在です。いまやITツールなくして経理の仕事は成り立ちません。

文房具屋さんでは今でも，総勘定元帳や仕訳日記帳の原紙が売られています。しかし実際に購入したことのある人はまれでしょう。ほとんどの会社で，記帳は専用の会計システムを使い，表計算はExcelなどの表計算システムを使っています。ほんの数十年前まで，紙の帳簿に手書きで数字を書き込み，電卓（あるいはそろばん）で計算していたことと思うと，当時の苦労を想像して冷や汗が出る思いです。

パソコンの普及により，紙の帳簿は一気に経理の現場から姿を消しました。理由は言うまでもなく，ITのほうが圧倒的に便利だからです。記入の時間，計算ミスの有無，修正の手間…すべてにおいてITの方が優れており，人間の手が勝つ場面は非常に限られているのではないでしょうか。

（2）ITの活用余地はまだあるのでは？

そんな経理の現場を劇的に変えてしまったITの普及ですが，私はこれらを使って経理の仕事をこなすうち，果たしてわれわれ経理パーソンは，ITツールを最大限使いこなせているのだろうか？という疑問を抱きました。この疑問が本書の出発点です。

ITツールは，その名のとおり仕事をするための道具です。それ以上でもそれ以下でもありません。仕事をするのはITツールではなく，われわれ人間です。ITツールがどんなに進化して，どんなに便利になったとしても，われわれ経理パーソンがスキルを高めていかなければ，経理作業を高速化することはできないのです。

Section 3　本書のスタンス

（1）Excelの機能より，大局的なスキル基盤を身に付けよう

本書はITの本ではありません。会計システムやExcelの機能を紹介する本でもありません。**経理パーソンが仕事の中で，どのようにITツールを活用していくべきか，その“方針”を示しています。**そこで本のタイトルも，ITツールの「活用術」ではなく，「活用戦略」と称しています。

「戦術」は局地的・短期的な戦い方であるのに対して，「戦略」は大局的・長期的な戦いの進め方を意味します。

本書では，Excelの便利な機能の紹介などの戦術的なテクニックも紹介していますが，それを主眼としてはいません。本書はそれよりも，長期的な戦略の提案に重点を置いています。

Excelの機能を知っているのは，短期的な戦術を覚えているにすぎません（**【図表0－1】**）。経理高速化のためにはそれだけではなく，土台となるしっかりとした長期的戦略をマスターしていきましょう。

【図表0－1】

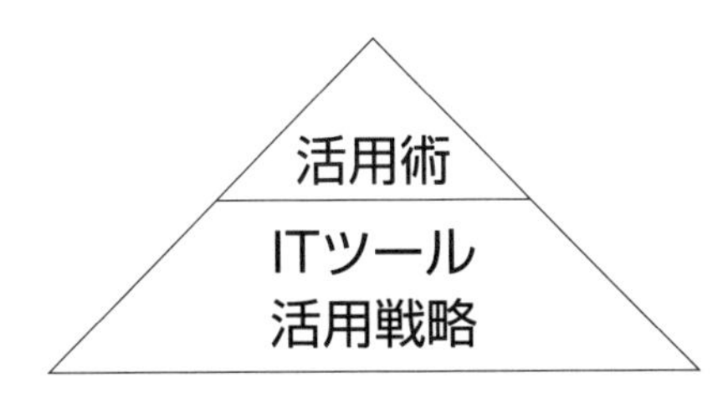

習得に時間をかけても，本当のスキルを身に付けよう

本書で提案する戦略は，一朝一夕に身に付くものではありません。経理パーソンが日々の業務を行う中で，意識的に実践していきながら，時間を掛けて体得していただくことを目標にしています。

時間がかかると言っても，本書の内容を意識しているのといないのとでは，成長のスピードは劇的に異なるものと考えています。また，本書で紹介する戦略それ自体は体得に時間がかかると言っても，その戦略に根差した戦術的なテクニックも紹介しており，そちらはすぐにでも実践できるものばかりです。ぜひ，本書の内容は読んだ次の日から実践していただき，ご自分のスキルアップにつなげていただければと思います。

Section 4　本書の内容

本書では，筆者の経理パーソンとしての実務経験に根差し，また税理士業務や会計監査業務の経験も加味したうえで，経理業務を高速化するために経理パーソンが身に付けるべきITツールの活用戦略を７つに分類しています。そしてこの７つの戦略を章立てとし，その考え方や実践すべきテクニックをご紹介する構成をとっています。

Strategy 1　スケジュールを“見える化”する

経理高速化は時間との闘いであるため，スケジュールをどのように管理するかが重要となります。

この章では，スケジュール管理のためのITツールとして，Excelを使ったスケジュール表の作成を紹介します。また，作成したスケジュール表を守っていくためのコツを紹介しています。

Strategy 2　情報はしっかり整理整頓

経理高速化の意外な壁になるのは，情報を探すことに余計な時間が生じてしまうことです。情報を常に整理整頓し，必要なときに必要な情報が取り出せるようにしておけば，経理スピードは格段に上がるのです。

この章では，データ上でどのように情報を整理しておくべきか，そのポイントを解説していきます。

Strategy 3　美しい元帳を作成する

Strategy 2の情報の整理整頓にもつながることですが，会計システムから出力される元帳もまた，整然と美しく作りこまれていくべきものです。

帳簿は単に情報を入力すれば終わりというものではなく，その内容を元に次の作業が生まれます。その次の作業を高速化するためには，美しい元帳というものが必要不可欠なのです。

具体的には，補助科目や相手先といった，会計システムに備わっている機能をフル活用することになります。この章では，その方法について詳しくご紹介します。

Strategy 4　手作業をいかに減らしていくか

かつては，「優秀な経理＝細かい手作業が得意な人」，というイメージで語られていましたが，ITが普及した今，「優秀な経理＝手作業を極力しない人」，という概念に変わりつつあります。

手作業は時間がかかるうえにミスのリスクから永遠に逃れることができません。いかに手作業を排除し，機械に任せてしまうかということが，現代の経理パーソンに求められる発想なのです。

この章では，どのように手作業を減らしていくか，そのテクニックを交えて説明していきます。重要なポイントは，手作業をどのようにコピー＆ペースト（コピペ）や自動計算に置き換えていくか，という視点です。

Strategy 5　Excelシートを作りこむ

経理の現場では，会計システムと並んで，Excelが大活躍しています。多くの場合，Excelの作業シートを作成し，一定の計算をしたうえで，計算結果を記帳や開示書類に反映させる，という業務プロセスかと思います。

この章では，そのExcelで作られた作業シートを，より使いやすくする方法を徹底的に追求します。

重要なポイントは，「入力しやすく」「わかりやすく」「ミスしにくく」の３点です。簡単に実践できる具体的なテクニックも盛りだくさんですので，積極的に試してみてください。

Strategy 6　効果的かつ効率的なチェックを実施する

経理高速化にとって，ミスは大敵です。人間である以上，ミスを完全に防ぐのは不可能ですが，ミスが発見されると作業のやり直し（手戻り）が発生するため，早急に発見される必要があります。

人によってミスが多いのは，自己チェックがきちんとなされていないからです。自己チェックは闇雲に行っても意味がありません。適切なチェックの方法があり，それを意識すれば必ずミスは減っていきます。

この章では，どのようにチェックしていくか，どのようにミスを発見していくか，その方法について解説していきます。

Strategy 7　比較分析で異常値を発見する

経理パーソンにとって，異常値に対する嗅覚は非常に重要なスキルと言えます。

経理のミスは異常値となって財務諸表上に表れますし，監査法人や税理士もそこを重点的にチェックします。何より，経理は異常値の原因を説明できなければなりません。

異常値を探す基本は比較分析を用いることです。この章では，どのように比較分析することが異常値発見に有用か，その方法を説明します。

本書は主に，上記7つのStrategyで構成されています。いずれも経理高速化に欠かせない視点であり，また経理高速化の重要要素を網羅的にカバーできていると考えています。

また，巻末付録として，本編では紹介しきれなかった，経理パーソンにとって非常に役に立つExcelの便利技集を用意しています。こちらもぜひご覧いただき，ご自分の業務に活かせそうなものはどんどん取り入れてみてください。

Strategy 1
スケジュールを“見える化”する

Section 1　進捗が見えづらい経理の現場

（1）経理は時間との闘い

ある程度の規模の会社の場合，経理は，経理部というチームが協働し，締め日までに必要な仕訳をすべて切ることを仕事としています。締切りがある以上，当然，部署レベルと担当レベルの両面で進捗を管理し，スケジュール通り作業を進めていかなければいけません。

しかし悲しいかな，間接部門である経理部はいつも人手不足で，複雑で膨大な作業を限られた人数でこなさなければなりません。

さらに経理が処理する元となる証憑（請求書や伝票，Excelで作られた内訳データ等）の多くは経理部で作成されるものではなく，外部の取引先や他部署から入手するものであるため，彼らの提出遅延がダイレクトに経理作業の遅延につながります。

あるいは，締め日の直前に様々な部署から請求書が一斉に集まり，一定の時間内に処理できる量をオーバーしてしまうことも多いでしょう。

経理というと社内の専門部隊で，難しい会計上の判断に頭を使っているように思われます。しかし，**実は多くの会社での一番の頭痛の種は，「期限を守る」という基本的なハードルをどう越えるか，ということにあるのが現状です。**

（2）上の人は簡単に言うけれど…

経理はチームなのだから，作業をうまく分担して進捗管理すれば，もっと簡単に終わるのではないか？というのも，よく社内の純朴な偉い人から投げかけられる疑問です。それはまさにその通りで，経理課長は本来チームプレーを取り仕切るためにいるのです。

しかし，経理の個々の作業は複雑であり，さらに担当者ごとに，思い思いの癖のある作業方法を採っていることもあるため，経理課長が部下の仕事をあまり理解できていない，ということも珍しくありません。そのため，業務の切り分けが難しく，ジョブローテーションもままならず，結局同じ担当者が何年も同じ業務を担当することになり，ますます業務は属人化・ブラックボックス化していきます。

さらに進捗管理についても，経理課長が部下の業務の流れが理解できていなければ，個々の業務が現在どの程度進捗していて，いつ終わるかといった状況が把握できません。

さらには人手不足の経理部においては，本来全体管理に専念すべき課長自身がプレーイングマネージャーであることが多く，しかも元エースである課長の仕事量はそもそも多いため，自分のことで手一杯というのも本音でしょう。

結局，締切日だけ決めておいて，いつもより承認申請が遅い場合に声を掛ける，というのが，大半の会社の経理課長クラスの現状ではないでしょうか。声を掛けたときにはもうすでに手遅れ，ということも多いのではないかと思います。

（3）経理の現場はまるで戦場

そうなると，課長から仕事を任された担当者ひとりひとりのスケジュール管理が重要になってきますが，これもうまく行っていないことが多いのです。

経営における会計情報も同様で，現在どの程度の利益が出ており，最終的にの程度まで伸びるのか，キャッシュは十分確保されているのか，といった会情報をタイムリーに把握しなければなりません。

これが遅延することは，曖昧な情報で運転するのと同じで，予定通りの時間目的地に着く（＝利益計画を達成する）確率を大幅に下げてしまいますし，期的に安定した運転（＝持続可能な成長）を達成することはできないのです。

2）「何とかなっている」うちに考えよう

社の中には月次決算の締めが月末から２カ月も経ってから，という会社もあ　それでも成長している場合はあります。

ただ，そのような例は経営者の腕がいいというよりも，業界自体が伸びていことが多く，業界成長が踊り場に差し掛かると途端に倒産，ということも珍くありません。

もしあなたの会社が，月次決算を締めるのに10日以上かかっている，またはケジュールを守れないことがよくある，といった状況であれば，強い危機感持って真剣に現状を変える必要があります。「どうせ無理」とか「仕方がな　とか言っていても何も変わりません。**できない理由を探すのではなく，どすればできるのかを考えていきましょう。**

ection 3　スケジュールを“見える化”しよう

1）計画的な行動の基本は“見える化”すること

スケジュールを守るためには，すっきりとした見やすいスケジュール表を作することが重要です。

簡単に行動予定の全体を把握できるスケジュール表があれば，明日明後日のスクを常に念頭に行動できますし，トラブルの際にも柔軟に日程を再調整で

個人個人が手一杯の仕事を抱えてしまうと，担当者本人す
の進捗を見失いがちです。同時進行で進む複数タスクの中で
ラブルがあると，たちまち何が何だかわからなくなってしま
たんストップしよう，というのでは，いつまで経っても終わ
への報告もままならないでしょう。

多くの会社の経理の現場はこのように，さながらゲリラ戦
命からがら逃げ延びたかと思ったら，落ち着く暇もなく次の
いうのが実態ではないでしょうか。

Section 2　スケジュールの遅延は経営判断ミス

（1）タイムリーな情報は経営の基盤

とはいえ，だから経理部がスケジュールを守れないのは仕
も一緒だからいいだろうという話では，当然ありません。

もしあなたの職場が恒常的に締切りを守れていないのであ
扱っている情報がいかに重要なものであるかを，一度経営陣
いでしょう。

経営を自動車の運転にたとえれば，経理が作っている会計
あり，ガソリン計であり，カーナビです。これらがなくても
ることは可能ですが，速度超過やガス欠の不安を抱きながら
ないし，目的にいつ到着するかも予測できないでしょう。当
リーに情報提供されなければならないものです。５分前の走
らっても何の意味もなさないのです。

きます。

スケジュールを"見える化"しておくことで，「トラブルが発生したから次の作業を急いでやろう」という精神論的な考え方から，「どう作業を組み替えれば締切りを守れるだろうか」という合理的な発想に転換できるのです。

（2）シンプルで一覧性の高いスケジュール表が経理向き

経理では2種類のスケジュール表を作成しましょう。ひとつは**経理部全体のスケジュール表**であり，もうひとつは**担当者個人個人のスケジュール表**です。

さて，スケジュール表というと，Googleカレンダーなどの専用ツールを使っている会社もあるかと思いますが，私はいずれのスケジュール表もExcelで自作することをおすすめします。

Googleカレンダーの利点はいつでもどこでもどんな端末でもアクセスできることですが，一日中デスクに座っていることの多い経理の場合，あまり意味がありません。毎日スケジュール表を開くことができるため，アラート機能も必要ないのです。

それよりも，**全体を俯瞰できること，簡単に予定の組み替えができることのほうが，はるかに経理向きの機能**だと考えます。

経理の現場では予定変更は日常茶飯事で，いかに予定を組み替えて締め日に間に合わせるかの勝負ですので，締め日までの期間全体が俯瞰できることが重要です。さらにExcelではコピー＆ペーストによって簡単に予定が組み替えられるため，短時間で現状を把握し，ささっと修正を加えることができる点で，非常に優れたツールと言えるでしょう。

（3）全体スケジュール表は3つの視点で作る

まず，経理部全体レベルでのスケジュールの作り方・管理の仕方を説明しましょう。**ポイントは，「確定日程」「経理部内日程」「監査日程」の3つの視点でスケジュールを作成することです。**

【図表1－1】経理部全体スケジュール

	A	B	C	D	E
1	経理部全体スケジュール				
2					
3	日付		確定	経理	監査
4	4月3日	月			
5	4月4日	火			
6	4月5日	水		売掛金・買掛金終了	
7	4月6日	木		残高確認書発送	残高確認状発送
8	4月7日	金		原価計算終了	
9	4月8日	土			
10	4月9日	日			
11	4月10日	月	経営会議（概算報告）		
12	4月11日	火		固定資産終了	
13	4月12日	水		月次締め	
14	4月13日	木		未払水道光熱費入力	往査開始
15	4月14日	金		未払人件費入力	残高確認状締切り
16	4月15日	土			
17	4月16日	日			
18	4月17日	月	取締役会	残確差異調整（税前仮締め）	税理士来社初日
19	4月18日	火		税金計算	
20	4月19日	水		決算修正締め	税理士来社最終日
21	4月20日	木		連結パッケージチェック	本社単体監査仮終了
22	4月21日	金		連結パッケージチェック	子会社監査
23	4月22日	土			
24	4月23日	日			
25	4月24日	月	経営会議（概算報告）	連結精算表作成	子会社監査
26	4月25日	火		連結CF生産表作成	連結精算表監査

具体的には**【図表1－1】**のように，3本の列を使用して大まかな日程を決めていきます。

「確定」の列は，決算開示日程や法定書類の提出日などの法定期限が定められているもの，または経営会議や取締役会の日程などの，変更困難なスケジュールを記入します。

つづいて，「経理」の列に経理部全体のスケジュールを記入していきます。当然ながら，「確定」のスケジュールを横目で見ながら，それに間に合うようにスケジュールを組んでいきましょう。

最後に，「監査」の列に監査法人や税理士の往査日程を書き込んでいきます。もし「経理」のスケジュールと矛盾するような日程であれば，監査の日程を修正してもらうか，経理のスケジュールを再調整する必要があります。

いずれにせよ，３つのスケジュール全体を俯瞰しながら，バランスの取れた無理のないスケジュールを作ることが重要なのです。

（4）個人のスケジュール表は再調整がしやすいように

次に，経理部全体のスケジュールに合わせて，個人用のスケジュールも作成していきましょう。個人用スケジュール表は，**【図表１－２】**のようなフォームで作成しましょう。

【図表１－２】スケジュール表の例

	A	B	C	D	E	F	G	H
1	古旗スケジュール表							
2								
3			全体	個別	買掛金計上	売掛金	消耗品計上	総務部経費計上
4	8月25日	火						
5								
6	8月26日	水						
7				外出				
8	8月27日	木				帳票確認		
9			月末支払締切り					
10	8月28日	金		M&A会議出席				
11					集計状況確認			
12	8月29日	土						
13								
14	8月30日	日						
15								
16	8月31日	月	月末支払日					
17						入金データ突合せ		
18	9月1日	火						
19								
20	9月2日	水				シート入力依頼	消耗品リスト受取	経費リスト受取
21				外出				
22	9月3日	木			集計完了確認		消耗品計上(完了)	
23								経費計上(完了)
24	9月4日	金				シート入力check		
25						売掛金仕訳(完了)		
26	9月5日	土						
27								
28	9月6日	日						
29								
30	9月7日	月			計上データ受取			
31					買掛計上処理(完了)			
32	9月8日	火						
33			月次締め					

縦軸に日付を取り，半日で一行使用します。横軸には全体日程，個別日程（会議や外出の日程）および担当している業務区分を並べます。
テーブル内には，それぞれの日に行う予定のタスクを書き込んでいきます。

個人用のスケジュール表ですので，自分の使いやすいように改良してもいいですが，ポイントは自分の業務の全体像が一覧できることと，コピー＆ペーストで簡単にスケジュールを組み替えられることです。

個人レベルでは，全体レベルに輪をかけて予定の組替えが発生します。したがって，全体を一望しながら，どのように組み替えれば全体スケジュールを維持できるか考えやすいフォーマットが必要なのです。

（５）個人用スケジュール表活用のコツ

個人用スケジュール表は毎月作成することをおすすめします。一方で内容の多寡は臨機応変に考えてもいいでしょう。新しい担当業務は，業務フローを確認しながら細かく手順を記載していくべきですが，仕事が板に付いてくるとそこまで書き込むのも面倒なので，より簡単に書き込めばいいと思います。

１日の行が午前／午後に分かれているのは，実はあまり意味がなく，１行では書ききれないため分けているだけです。午前の仕事が午後までかかってしまったからといって，昼休みの前に予定を組み替える必要はないでしょう。
一方で，午後終わらせる予定の作業が長引いてしまい，翌日持ち越しになってしまった場合は，必ずスケジュールを組み替えましょう。こちらはルーズにするとスケジュール表としての意味をなさなくなっていき，結局見なくなってしまいます。

厳格に運用するよりも続けることが重要なので，嫌にならない程度に活用してください。

Section 4　スケジュール表は共有しよう

（1）部署レベルでの行動管理は課長の仕事

Section 3 で紹介した個人別のスケジュール表は，締め日までの各担当者の作業が俯瞰できるという点で，リーダーが部下の進捗状況を把握するのにも非常に有用なツールです。経理課長は各担当者にスケジュール表を作らせ，これを集めて進捗をチェックするといいでしょう。

集め方は2パターンあり，状況によってどちらかを選択することになります。

1）スケジュール変更時に再提出させる

事前にスケジュールを集めておき，何か変更が生じたときに再提出させる方法です。

タイムリーにスケジュール変更が把握できるため，トラブルが起きていることがすぐにわかりますし，状況や今後の見込みについて担当者にヒアリングしやすい方法です。

ただし，課長の手もとに似たようなExcelシートがたくさん集まるため，全体の状況を把握することがやや難しくなりますし，集められたシートのバージョン管理にも手を焼く恐れがあります。

2）「ブックの共有」機能を使う

共有サーバー上にひとつのExcelファイルを作成しておき，そこに各担当者が入力していく方法です。このとき，Excelの機能である「ブックの共有」を使うと，複数の担当者が同時進行でひとつのExcelファイルに入力できるようになります。

「ブックの共有」機能の設定方法は以下の通り，「校閲」のタブから「ブックの共有」をクリックします（**【図表１－３】**）。

【図表１－３】

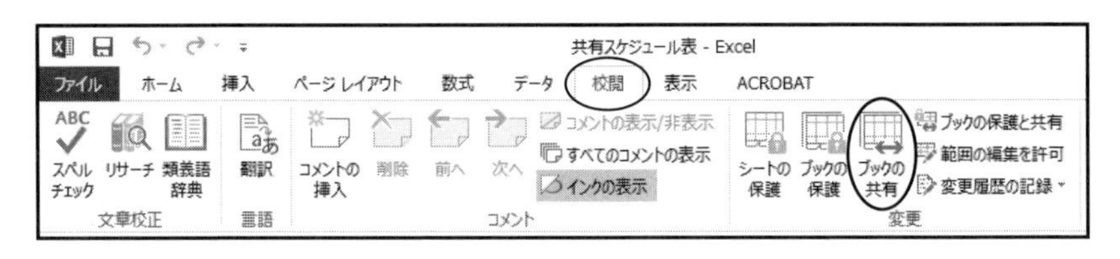

次に，**【図表１－４】**のウィンドウが表示されますので，「複数のユーザーによる同時編集と，ブックの結合を許可する」をチェックします。

【図表１－４】

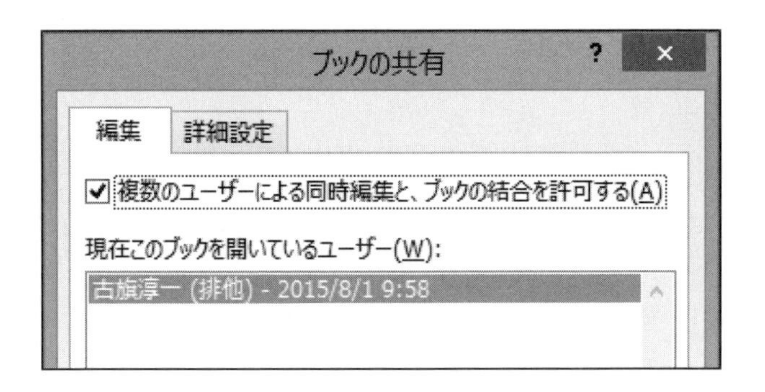

この方法では課長の手もとに大量のExcelシートが集まることがないため負担が少なく，またすでに一覧表になっているため，全体を把握しやすいという利点があります。一方で「いつの間にか予定が変更されていた」ということが起きやすいため，スケジュール変更時の課長へのレポーティングルールを別途作る必要があります。

Section 5　スケジュールをどう守っていくか

（1）作ったスケジュールは全力で守る

経理の現場ではトラブルは付き物で，予定変更も日常茶飯事です。それを前提としたスケジュール表も紹介しました。

しかしだからといって，安易に予定変更していい，というわけではありません。**基本的に予定は必達であるべきで，単なる怠慢の結果，予定変更するようなことがあっては，いくらスケジュール表を作りこんでも猫に小判というものです。**

（2）トラブル発生を織り込んだスケジュールを立てる

たとえば社内外から証憑が届くのが予定よりも遅れ，それが原因でスケジュールが狂うことはよくあります。このような場合は自分の不手際というより，外に「悪者」がいるため，スケジュールが守れなくても仕方ないといった雰囲気になってしまいがちです。

しかしこれは結局，営業マンが「競合他社がバリバリ営業してきたので受注を奪われました」というようなもので，まったく言い訳にはなっていないと思っています。

まず，本気で締め日を守ろうと思うのであれば，常に最低でも１日以上のバッファーを設けておくべきでしょう。前述したように，締切り前には請求書などの証憑が一斉に届くため，所要時間ギリギリまで証憑提出を受け付けていたのでは，ちょっとしたトラブルに対処する余裕がなくなってしまうからです。

ここで締切りを１日以上前倒しすることで，予定通り集まった証憑を処理しつつ，遅延している証憑のチェックや催促に手を回す余裕ができるのです（**【図表１－５】**）。

【図表1－5】

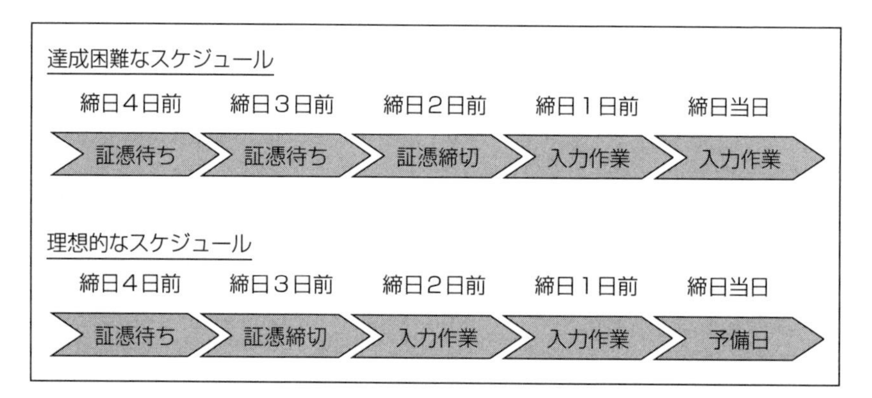

（3）相手にスケジュールを守らせるのは自分の仕事

このように一部証憑の遅延に備えて日程にバッファーを設けておく一方で，各部署に対して**証憑提出期限を守らせる意識付けも必要**になります。

特に遅延の常習者に対しては，締切り日を過ぎてから催促を入れるのではなく，提出締切りの2～3日前に，請求書の集まり具合はどうか，締切り通り提出できそうかについて声を掛けると非常に効果的です。これはできれば直接会って訊くのがいいでしょう。

重要な局面では上司を使って意識を喚起するのも有効な手段です。

私は，絶対に遅延が許されない本決算の前には，上司であった執行役員にお願いして，締切りを守るよう注意喚起するメールを全社に流してもらっていました。文章は私が作成したものですが，やはり高い役職のアドレスから発信されているだけで，メールがずっしり重くなるようで，締切り日の前日にすべての証憑が揃ったときはとてもスカッとしたのを覚えています。

(4) 社外の相手にもできることはある

一方で，このように社内の各部署にプレッシャーを掛けて締切りを守らせようとしても，社外の取引先から請求書が送られてこない場合もあります。この場合でもあきらめず，取引先に直接電話し，請求書送付を早めてもらうようお願いするぐらいのことはしてみましょう。

たとえば郵送で送られてくる証憑を，PDF化してメールで送ってもらえば，少なくとも1日の時間短縮になります。請求書は発注部署の担当者に送られてくることが多いのですが，CCに自分も加えてもらえば，発注部署と同時に入手でき，発注部署の確認と同進行で経理作業を開始できます。内部統制上，原紙がないと伝票が承認されない場合でも，計算作業や仕訳作成作業が前倒しできるだけでも大きな前進になるはずです。

なお，取引先の重要度にもよりますが，社外に直接電話する際は，上司か担当部署に断ってからのほうがいいでしょう。ただし多くの場合では協力を求めることは失礼なことではなく，多少の追加作業であれば快く応じてくれます。私も数回直接電話してお願いしたことがありますが，断られたことは一度もありません。

(5)「簡単でない」と「できない」は別の概念

とはいえ，他部署や取引先に対しての協力要請は常識的な範囲で行いましょう。月初1日に前月の経費をまとめた請求書を要求しても，入手できないことが多いでしょう。

その場合は取引先からの請求書を証憑にするのではなく，納品書で仕訳を切ったり，各部署に経費一覧を作成させたりといった対応が必要になります。あるいは，月末締めだったものを20日締めに代えてもらうという方法も考えられます。

このような大胆な転換は，それまで２週間で締めていた月次を３営業日で締めなければならないといったような，思い切った経営上の大改革がなければ直面することはないでしょう。実際にやろうとすれば内部統制規定の変更も必要なので，容易ではないと思います。

ただし**決して不可能とあきらめるのではなく，可能にする知恵を絞ることが大切なのです**。現実に，３月末決算の決算短信を４月１日に出している会社も存在するのですから。

（６）毎月の振り返りを継続する

最後に重要なポイントですが，**毎月締日の後に，スケジュールの達成具合を振り返る時間を設けましょう**。これは経理部全体でミーティングを開き，意見を出し合うことが効果的です。

こういったミーティングは，高い意識を持っていないといつの間にか開催されなくなってしまうものですが，経理高速化という点では間違いなく効果のある会議であり，ぜひとも継続していただきたいと思います。

継続のためのコツとして，出された意見をすぐに否定することを禁止すること，経理高速化に貢献した人は素直に褒めること，資料や議事録はメモ程度で可とすることなどが挙げられます。このリーダーとなるべきは経理課長ですが，みんなで活発な意見交換ができる環境を作っていきましょう。

Section 6　チェックリストと未了事項リスト

（１）個々の作業をサポートするツール

スケジュール表は細かい業務内容を逐一記載するものではなく，大まかな流れをコントロールするためのものです。スケジュール表の作成・管理とは別に，個々の作業を効率的に進める必要があります。

広範かつ複雑な個別業務を漏れなく効率的に進めるために有効なのが，**チェックリスト**と**未了事項リスト**です。

この2つのリストは**【図表1－6】**と**【図表1－7】**に示す通り，外見はまったく一緒です。図のようにWordで作ると手軽ですが，項目を増やして複雑に情報を盛り込みたいときはExcelの表にしてもいいでしょう。

【図表1－6】チェックリストの例

買掛金計上作業チェックリスト

本作業前の準備

□　購買部に仕入伝票の入力でトラブルがないか確認
□　システム部から入力用仕入データと入力用買掛データをもらう
□　購買部から確認用仕入集計データをもらう

本作業

□　「①自動入力外仕入抽出」のExcelシートを使って，自動入力外仕入一覧を作る
□　自動入力外仕入の仕訳を入力する
□　「②仕入データ確認」のExcelシートを使って，入力用仕入データと確認用仕入集計データの突合せを行う
□　「③買掛データ確認」のExcelシートを使って，入力用買掛データと確認用仕入集計データの突合せを行う
□　支払管理システムのインポート機能を使って，買掛金計上仕訳を自動入力する
□　課長に報告し，承認と会計システムへの反映を依頼する

本作業後の確認作業

□　買掛金元帳を出力し，「④買掛金計上確認シート」を使って，買掛金が正しく計上されているか確認する

【図表１－７】未了事項リストの例

未了事項リスト
買掛金 □　購買部の田中さんがお休みだったため，締め日前日までに花藤薬品の支払口座を確認してもらう **売掛金** □　東京商会の売掛入金が２円不足。消費税端数と思われるが，念のため先方に確認依頼中 □　大阪食品の入金口座登録を変更依頼したが，担当者休暇中とのことで，４日以降掛け直す **総務部経費** □　Excelの合計欄の関数が壊れていたので，フォームを修正するよう依頼する（月次作業は手修正で対応済み）

チェックリストは事前に用意しておくもので，毎月の作業を漏れなく行うためのものです。手順書と言ってもいいかもしれません。

複雑な作業をするときに「次にどんな作業をすればよいか考える」という時間は非常に無駄であり，しかも判断ミスをするリスクを持っています。チェックリストがあると必要な作業を考える時間がなくなり，大幅な時間削減と判断ミスの排除ができるのです。

一方の未了事項リストですが，これは作業中のイレギュラーに柔軟に対応するものです。

多数の手順を踏みながら作業をしていくと，チェックリストに掲示されているか否かによらず，必要な作業を敢えてスキップすることがあるでしょう。この場合，あとで忘れずにタスクを実行するために，備忘録としてリストアップしておくと効率的です。未了事項リストをうまく使えば，すぐに達成できない小タスクによって業務全体がストップすることを防止することができるのです。

ただし未了事項リストを使うのは，クリアする可能性が高い確認事項か，問題が発見されても簡単に修正できる事項に限ったほうがいいでしょう。後でエラーが発見された場合に大幅な手戻りとなるような確認事項であれば，一旦業務全体をストップして確認したほうが良い場合もあるからです。

Section 7　忙しくない時期こそ何をすべきか考える

（1）次の月の作業に備える

スケジュール表を作成するときには，月初からスタートするのではなく，遅くとも前月の月次決算が終わった段階からスタートしましょう。

月末で決算を区切ると，どうしても翌月初から作業開始のような気がしてしまうのですが，決してそんなことはありません。9月の月次決算作業は8月の月次決算が締まった直後から，あるいはそれ以前から始まっているのです。

たとえば，前月決算で使用したExcelシートにつき，数式の追加のようなイレギュラーな対応をしていたのであれば，その修正をしておくといいでしょう。また，Excelシートに大幅な改良を加えて，より効率的に運用できるよう仕組みを整えておくチャンスでもあります。

慣れない新しい業務に携わった場合は，作業内容を反復練習しておくと，次の月の作業時間が大幅に削減できます。新しいことを覚えるのに，1カ月のインターバルは長すぎます。復習をしっかり行ったり，Excelシートを改良しておくだけで，作業スピードはまったく違ったものになるでしょう。

（2）忙しさの平準化を目指す

また，四半期決算や本決算に向けて準備しておくというのも重要でしょう。

たとえば土地の取得や貸倒引当金繰入などの珍しい取引が発生した場合，決算で帳簿や証憑綴りをひっくり返さなくていいよう，きちんとメモを残しておくと効果的です。

特に税理士や監査法人の対応準備は重要です。その期に発生したイレギュラーな取引については，往査が始まる前に連絡しておき，関連書類をそろえておくべきです。最新の税制や会計基準の確認も済ませておきましょう。

経理の忙しさは，「**本決算＞四半期決算＞法定調書や固定資産申告時期＞月次決算＞その他の時期**」といったように，非常にムラがあります。完全に平準化することはできませんが，作業を少し分解すれば，「この部分は事前にできる」「こういうExcelシートを作っておけば作業が早く終わる」といったことも案外多くあるのです。

いつでもできるような作業を，わざわざ忙しい時期にやる必要はありません。**作業を分解し，できることからどんどん前倒しで進めていく姿勢が大切なのです。**

「段取り八部」という言葉がありますが，忙しい時期にスケジュールを守れるかどうかは，案外忙しくない時期に何をするかが決め手となるのです（**【図表1－8】**）。

【図表1－8】「忙しさの平準化」概念図

一般的な忙しさの推移（3月決算）

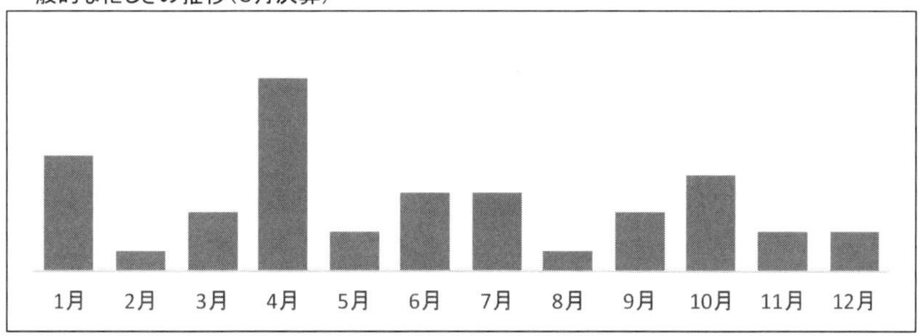

目指すべき忙しさの推移

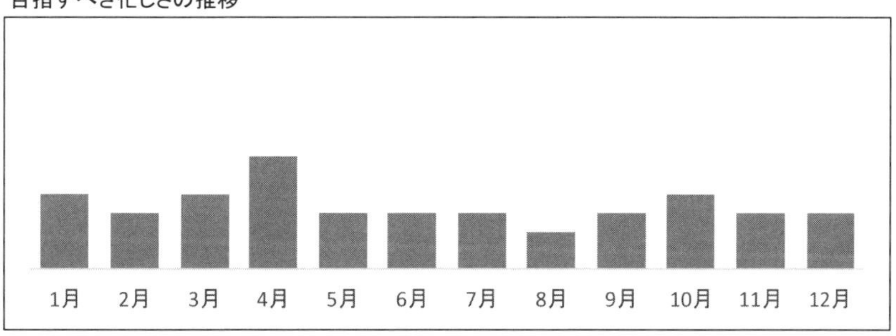

Section 8　残業前提のスケジュールを組んではいけない

（1）人手が足りないのはわかりますが・・・

スケジュールを組む際に気を付けてほしいのが，「残業を前提に予定を組んではいけない」ということです。

多くの会社において，間接部門である経理部は人員が増やしづらく，ぎりぎりの人数で回すことが理想とされがちです。そのため残業するのは当然だという文化が醸成されやすい職場なのですが，だからこそ，残業をしない努力をしなければいけないのです。「どうせ無理」では何も改善されません。

なぜ残業を前提にスケジュールを組んではいけないかといえば，経理の現場ではトラブルが付き物で，多かれ少なかれ想定外の時間ロスが発生するためです。このとき残業を前提にしたぎりぎりの日程を組んでいては，この想定外の時間ロスを吸収する余裕がなくなってしまいます。

つまり，**本気でスケジュールを守ろうとするならば，残業時間はトラブルに対するバッファーとして考えなければならない**のです。

（2）残業問題は，結局ほとんど意識の問題

すでに残業はたっぷりして当然といった風土になってしまった職場では，業務の効率意識も極めて低く，気持ちの面からの改革が必要になるでしょう。いかに残業をしなくてもいいように業務を組み立てればよいか，個人個人があきらめず知恵を絞っていきましょう。これは効率よく仕事をしましょうとか，集中して仕事をしましょうといった曖昧なスローガンでは達成できません。本書で紹介するテクニックを参考に，期間をかけてでも残業を削減していただきたいと思います。

なお，私の体験では，残業時間は減り始めると加速度的に減っていくようです。おそらく早く帰って寝ることが，翌日の集中力につながるのでしょう。

私の場合，20時を超えて仕事すると，翌日の動きが悪くなってしまい，かえって終了が遅くなります。もちろん期限を守るためには深夜まで働かざるを得ないこともありますが，連続で遅くまで残るのはせいぜい２～３日までがコンディションの限度ではないかと思います。

Section 9　毎月のカイゼンは怠らない

（1）飽くなき探求心で高速化を目指そう

今まで期限をしっかり守る意識づけや，スケジュール管理を十分してこなかったのであれば，今回紹介したスケジュール表を導入しても，最初の数カ月はしっかり守れず，日程変更ばかりすることになるかもしれません。

しかし**毎月反省を踏まえながら作り込み，日々意識しながら業務をしていくと，いずれ必ず，守れて当たり前のようになっていきます**。このとき，あなたの経理スキルは最初の壁を破ったと考えていいでしょう。

ぜひ，そこで満足することなく，もっと高みを目指していきましょう。今より半分の時間で終わらせるにはどうすればいいか，月の残業を本当にゼロにするにはどうすればいいか，決算のとき内訳書の作成をもっと簡単にするにはどうすればいいか，常に頭を使いながら仕事をしてほしいと思います。

（2）カイゼンを部内のキーワードにしよう

このような，担当者による業務効率アップのためのトライ&エラーによる探求を**カイゼン**と呼びます。

元々はトヨタ自動車で重視していた工場現場レベルの作業効率化活動のことですが，経理は会社内外から集めた情報を加工して経営者に販売する製造業のようなものなので，まさにカイゼンと呼ぶに相応しいと思っています。

トヨタは必ずしも設計技術が抜きん出て優れていたわけではないのですが，工場での組み立て技術が極めて優れていたため，世界トップクラスの自動車メーカーに成長したと言われています。その背景には，現場の作業者ひとりひとりの飽くなきカイゼン活動があるのです。

あなたもトライ&エラーでカイゼンを進め，さらなるスキルアップを貪欲に目指してほしいと思います。

Strategy 1 のまとめ

・　スケジュール表を作ることで，経理作業の“見える化”が可能になる。

・　スケジュール表は，予定の変更・再調整を見越してExcelで作るのがよい。一覧性にも優れている。

・　スケジュール表を共有することで，課長が個々の担当者の状況を把握できる。

・　スケジュールの達成状況は毎月振り返りの会議を行おう。

・　安易なスケジュール変更をしてはいけない。経理部内外から入手する資料の遅延は，経理部が工夫して発生しないようにしなければならない。

・　チェックリスト，未了事項リストを活用することで，作業スピードの向上とスケジュールの遅延防止ができる。

・　忙しい時期にスケジュールを守れるかどうかは，忙しくない時期の準備によるところが大きい。忙しさのムラをどう平準化していくか，できることは案外多い。

・　残業時間はトラブルに対応するバッファー。残業を前提にスケジュールを組んではいけない。

・　毎月のカイゼンを怠らない。常にスキルを磨く姿勢が大切。

Strategy 2

情報はしっかり整理整頓

Section 1　刹那に生きる経理部員たち

（1）経理の現場は情報の渦

経理は情報を収集し，必要な形に加工して，経営者に提出する部署です。その元となる情報は，月ごとに様々な社内・社外の関係者から，まさに浴びせるように送り込まれてくるものです。

業種にもよるのですが，集まってくる情報量は社内随一であることも珍しくなく，これらの情報の山をいかにさばくかも，経理の腕の見せ所と言えるでしょう。

（2）情報は整理しておかないと，結局無駄な時間を生む

そのせいか，目の前の情報を仕訳に変換することに精一杯で，情報の整理整頓については無頓着な人が多いように思います。やったらやりっぱなしで，元データの整理も仕訳伝票の整理も不十分なのです。これは，忙しいから仕方ないでは済まされない，非常に重大な問題です。

たとえば，土地を購入した年度の支払調書を作る際には，土地の売り手の名前と住所を調べなければならないのですが，台帳管理されていないので請求書を探すしかない，請求書は伝票原紙に添付されて膨大な綴りの“どこか”に挟まっている・・・というような有様では，本来の何十倍の時間を費やすかわかりません。

このような職場を見るにつけ，経理部員は刹那的だなぁと感じます。経理ではアウトプットである会計情報が，どのような仕訳によるものか，その仕訳はどのような情報をどのように加工したものかをドリルダウンしていく作業が案外多いものです。このような場合に資料がごちゃごちゃしていたのでは，いつまでたっても無駄な時間がなくなりません。**決して入力したらそれで終わり，ではなく，後で見返せるようキレイに整理整頓しておく必要があるのです。**

Section 2　迷わないフォルダ体系を意識する

（1）紙保存よりデータ保存が原則

情報の保存には，紙による保存と電子データによる保存があります。各種法令や内部統制上の要請で，必ず紙で保管しなければならないものもあるのですが，しかし**紙での資料保管は最低限に抑え，極力電子データで保管することをおすすめします。**

さらに言えば，紙で保管する資料であっても，重要なものはPDF化して，電子データでも併せて保存しておくことが大切です（もちろんウイルス対策や情報管理，定期的なバックアップが前提です）。

電子データをおすすめする理由は，紙よりもデータのほうが，整理しやすく，検索しやすいからです。つまり，後から探しやすいのです。

紙で保管しようとすると，どうしても引き出しの奥深くに眠ることになったり，どこにファイリングしたのかわからなくなったりしてしまいます。電子データであれば，紙よりもはるかに簡単にフォルダ分けができ，便利な検索機能も使うこともできます。

（2）整然としたフォルダ体系を意識しよう

その際，**いかにフォルダ体系を整理できるかが経理スキルの見せ所**と言えるでしょう。

あとで探すことを考えたら，1つのフォルダ内に何年分もの月次作業データが並んでいたり，同一担当者というだけであまり関連のないデータが混在しているのはよくありません。フォルダは勘定科目や作業内容，何年何月分の作業かなどの基準で，何階層にもわたって整理されていることが望ましいのです。

PCの検索機能を使えば整理されていなくても簡単に探し出せるではないかと思う方もいるかもしれませんが，検索すべきファイル名を思い出せなかったり，検索したファイルではなくそれに関連して作ったファイルに必要な情報が含まれていたりするため，フォルダ体系を整えておくことは非常に重要なことなのです。

Section 3　よくある悪い例

以下では，割と多くの会社でやってしまっている悪い情報保存の方法を紹介します。あなたの会社もやっているかもしれません。むしろやっていなければ，比較的情報整理がしっかりした会社と言えるでしょう。

（1）手書きで完結しデータ化されていない

請求書のような紙資料に書いてある数字について，合算や差引など，何らかの計算を施してから仕訳を切る場合があります。この際，計算過程を残しておかないのは論外ですが，残し方にも注意しましょう。

あまりよくない例として，紙の請求書に手書きで計算過程をメモしておき，それを紙の伝票に添付して保存しているケースがあります。簡単手軽なため，ついやってしまいがちなのですが，後で計算過程を確認しようとしたときに原紙を探さなければならず，無駄な時間が掛かってしまいます。

請求書等の数値をそのまま仕訳に起こすならいいのですが，**少しでも加工して仕訳を切るなら，計算過程をExcelで記録しておくのが原則です**。毎月発生するような取引の場合，最初にExcelを作る作業が面倒くさいものの，それ以降はコピーして使っていけばよいので，結果的に高速化につながることが多いのです。

ただし本当にわずかな計算の場合，たとえば３行ある内訳を２行に集約して仕訳を切るだけであり，しかももう発生しないような突発的な取引といった場合は，Excelは少し大仰かもしれませんし，そのExcelをどこに保存しておくべきかについても判断が難しいかもしれません。

そんな場合は，会計システムのデータ上で，仕訳の摘要欄に計算内容をメモしておけば，そもそも計算過程を確認しなければならない事態が起こらないことになります。

（2）担当者のPCや個人フォルダに保存

多くの会社では，社内サーバーを使って社員間のデータ連携を図っていますが，そのような仕組みがあるにも関わらず，PCのデスクトップ内にファイルを保存している場合があります。

情報管理上の必要がなければ，データは他の経理部員と共有したほうがいいでしょう。特に課長など管理職であれば，担当者がどのようなデータを使ってどのように作業しているか理解しなければならないため，いつでも見られる状態にしておくべきです。

一方，**非常に多いのが，データは共有サーバー上にあるものの，サーバー上に各経理部員の個人名が付いたフォルダが並んでいて，ほとんどすべての作業データがその中に保存されているケースです**（**【図表2－1】**）。個人PC内で外部から見られないよりはマシなのですが，残念ながらあまり大差はないでしょう。

【図表2－1】

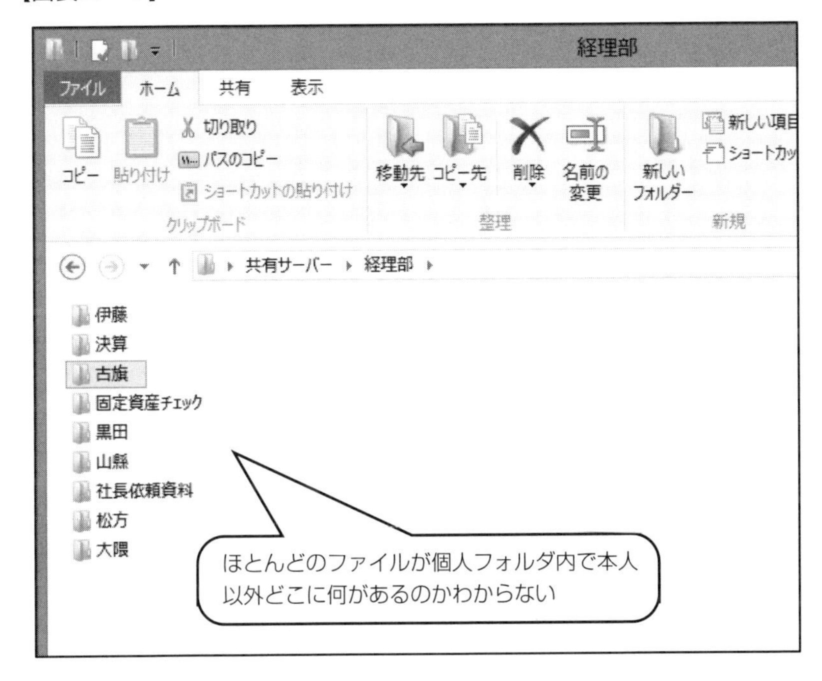

データは一元管理されていなければ意味がないのです。３年前の会計処理を確認しなければならないことがあったとして，そのときの担当者が誰かわからないこともあるでしょう。担当者変更のたびにデータが色々な場所に分散されていたら，変遷を追うだけで時間が掛かってしまうのです。

サーバー上に担当者フォルダを作るのは，データの受け渡しのように使いやすい場面もあり，百害あって一利なしというわけではありません。ただ，結局怠惰の温床になることが多いため，思い切って全廃してしまうことも考えるべきかもしれません。

（3）最終ファイルしか残されていない

経理ではひとつの作業を何日かに分けて進めることがあります。また，一度完成させたExcelデータを修正し，やり直さなければなければならないこともよくあります。

このような場合，毎回のデータを上書き保存するのではなく，古いバージョンも保管しておいたほうがいいでしょう。多くの人が経験しているとおり，「結局前のバージョンが正解だった」ということが往々にしてあるからです。

しかし，それらのファイルを同じフォルダに保存しておくと，どれが最終版かわからなくなってしまうことがあります。

そんなときは，最終版と同じフォルダ内にもう一つ「ゴミ箱」というフォルダを作っておき，そこにボツとなったデータを溜め込んでおくといいでしょう（**【図表2－2】**）。サーバー容量の関係で無駄なファイルを削除しなければならないとき，捨ててはいけないデータとの区別ができるのも利点です。

【図表２－２】

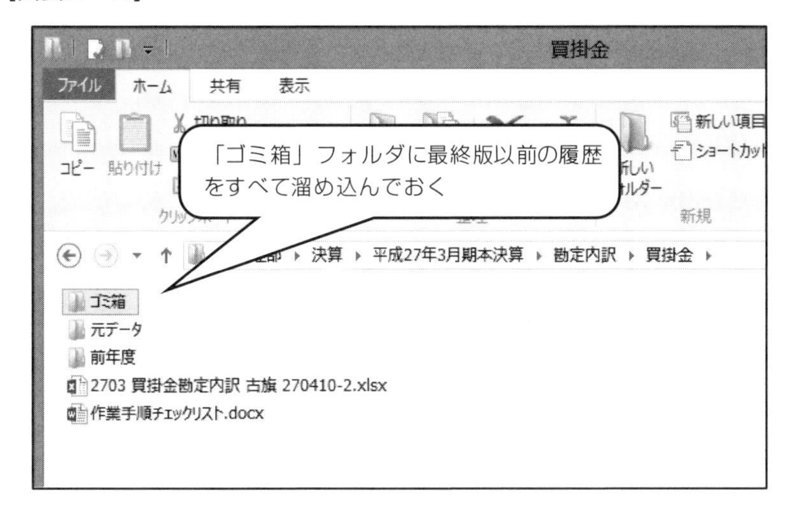

なお余談ですが，この「ゴミ箱」フォルダは，会社によって「Trash Box」や「dis」といった名称を付けていることもあるようです。いくつかある大手監査法人での呼び名が広まったためらしいのですが，私も恰好つけて「dis」と名付けていたところ，某中堅監査法人に理解されずボツのファイルを監査されたことがあるため，それ以来わかりやすさ優先で「ゴミ箱」と名付けています。

（４）過去のデータが１つのブックに収まっている

毎月のデータを，ファイルごとコピーするのではなく，ひとつのブック（Excelファイル）内のシートをコピーすることで，過去のデータを保存しているケースがあります（**【図表２－３】**）。つまり運用開始から１年で12のシート，２年で24のシートを持つExcelファイルが作成されることになるわけです。

【図表2－3】

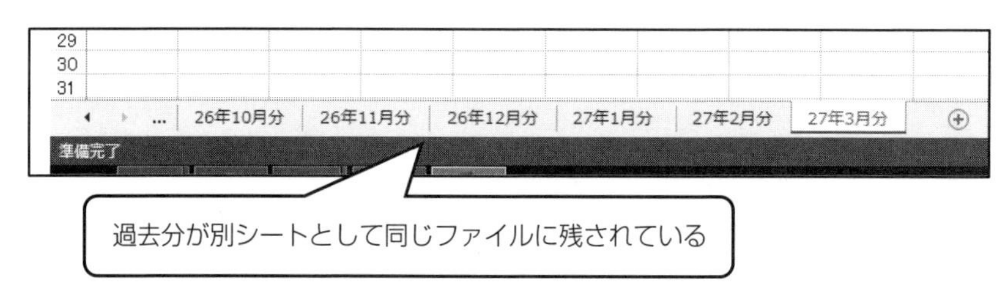

Excel独自の検索機能で全期間の計算について検索できるというメリットも一応はあるものの，デメリットのほうがはるかに大きい方法と言えます。

特にこの方法はバージョン管理でミスする可能性が非常に高く，間違って新しいシートを作らずに上書き保存してしまうことがよく発生します。データ容量も重くなりますし，問題点を挙げたらキリがないぐらいなので，必ず別ファイルに切り分けておき，期間管理はフォルダ体系によって行うべきでしょう。

（5）過去のデータが1つのフォルダ階層に収まっている

過去のデータが1つのフォルダ階層に乱雑に投げ込まれているという状態も，開くたびにデータを探さなければならなくなるため，避けるべきです。

【図表2－4】のように，過去のファイルやフォルダをひたすら同じフォルダ内でコピーしていると，時間の経過とともにとんでもない量になり，探すのに時間がかかってしまいます。

ある程度溜まったら，必ず**【図表2－5】**のように整理していきましょう。なお，決算では前年度のデータを参照することが多いため，前年分は敢えてまとめないことで探しやすくしています。

【図表2－4】

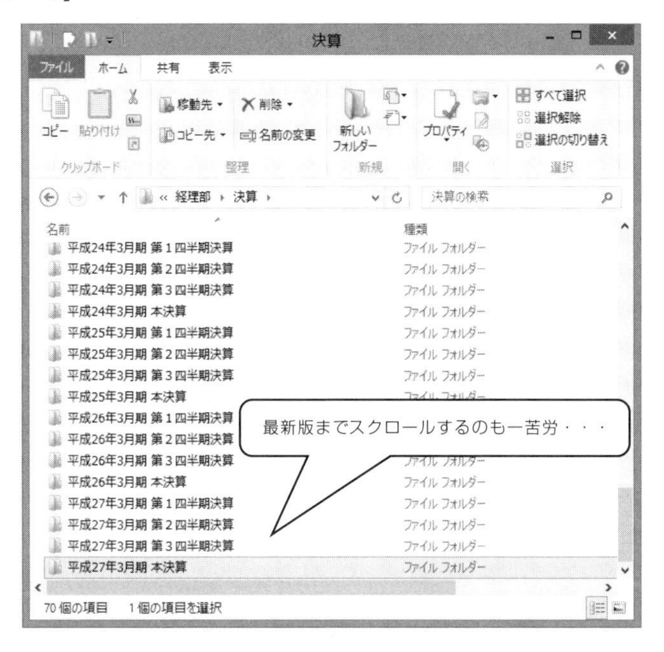
決算
ファイル
ホーム
共有
表示
コピー
貼り付け
移動先
削除
コピー先
名前の変更
新しい
フォルダー
プロパティ
すべて選択
選択解除
選択の切り替え
クリップボード
整理
新規
開く
選択
« 経理部 › 決算 ›
決算の検索
名前
種類
平成24年3月期 第１四半期決算
平成24年3月期 第２四半期決算
平成24年3月期 第３四半期決算
平成24年3月期 本決算
平成25年3月期 第１四半期決算
平成25年3月期 第２四半期決算
平成25年3月期 第３四半期決算
平成25年3月期 本決算
平成26年3月期 第１四半期決算
平成26年3月期 第２四半期決算
平成26年3月期 第３四半期決算
平成26年3月期 本決算
平成27年3月期 第１四半期決算
平成27年3月期 第２四半期決算
平成27年3月期 第３四半期決算
平成27年3月期 本決算
ファイル フォルダー
最新版までスクロールするのも一苦労・・・
70 個の項目　1 個の項目を選択

【図表2－5】

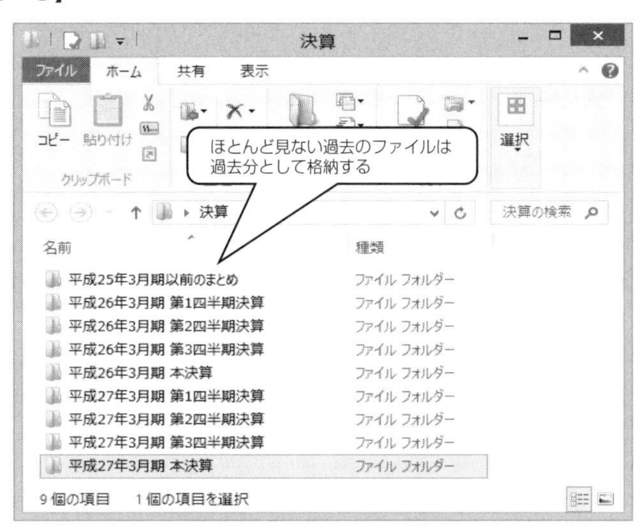
決算
ファイル
ホーム
共有
表示
コピー
貼り付け
選択
クリップボード
ほとんど見ない過去のファイルは
過去分として格納する
› 決算
決算の検索
名前
種類
平成25年3月期以前のまとめ
平成26年3月期 第1四半期決算
平成26年3月期 第2四半期決算
平成26年3月期 第3四半期決算
平成26年3月期 本決算
平成27年3月期 第1四半期決算
平成27年3月期 第2四半期決算
平成27年3月期 第3四半期決算
平成27年3月期 本決算
ファイル フォルダー
9 個の項目　1 個の項目を選択

Section 4　イベントに備えて台帳を用意しておく

法定調書のように，年１回しかないものの，非常に時間と労力のかかる作業を強いられるイベントはいくつかあります。たまにしかないので，その時期に残業して頑張ればいいやと怠けがちなのですが，日常業務をほんの少しだけ工夫すれば，劇的に作業負担が減ることが多いのです。

既に少々触れましたが，土地代の支払先について請求書綴りをひっくり返して探すようなことをしてはいけません。年間の土地代支払履歴の台帳を作り，そこに法定調書や固定資産税申告書で必要になる情報を記載するようにしておけばよいのです（**【図表２－６】**）。

このような台帳のフォーマットづくりは，１回で完璧なものはなかなか完成せず，後になってこの情報も盛り込んでおけばよかったということが出てきやすいのも事実です。データと紙の両面で保存管理する発想で，請求書は伝票に添付する前にコピーしておき，専用クリアファイルで収集しておくとよいでしょう。

【図表２－６】台帳の作成例

	A	B	C	D	E	F	G
1	土地取得台帳						
2	取得日	相手先	金額	相手先住所	取得土地住所	面積(坪)	
3	2014/5/22	吉田 茂	123,000,000	神奈川県大磯町国府本郷551-1	東京都千代田区霞が関2-2-1	153.75	
4	2014/10/30	佐藤 栄作	235,000,000	山口県熊毛郡田布施町下田布施875-6	東京都千代田区霞が関3-1-1	293.75	
5							
6							
7							
8							

Section 5　ファイル名に最終更新日付等を記入する

ファイル名は何気なく付けてしまいがちですが，名前はまさにファイルにとっての顔であり，**一瞬でファイルの内容が識別できるものにしておく**ように心がけましょう。

また，すべてのファイルのファイル名には最終更新日付（資料の場合入手日）を入力するといいでしょう。資料のバージョン管理において非常に役に立ちます（**【図表2－7】**）。

特にExcelシートを印刷した際，ヘッダーまたはフッターにファイル名が表示されるようにすることで（方法は**Strategy 5** の**Section 11**で紹介），印刷物がいつの段階のファイルに基づくかがすぐにわかるようになります。

なお記載方法は，例えば「2016年５月８日」であれば①「20160508」とする方法，②「160508」とする方法，③和暦で「280508」とする方法があります。

会計システムが原則和暦表示なら③がおすすめ，会計システムが西暦表示で，かつ有価証券報告書のような和暦表示書類を作らない会社であれば②がおすすめですが，それ以上に経理部全体で統一することが重要ですので，先輩や上司と相談して決めるといいでしょう。

【図表2－7】

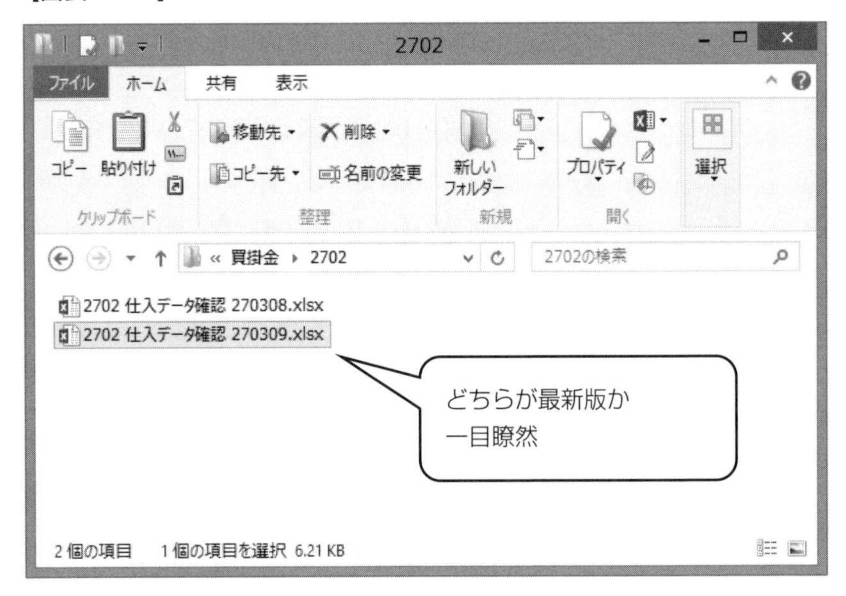

Section 6　ファイル名の名付けルールの例

例として，私が使用しているファイル名の名付けルールを紹介します。取り上げるのは，平成27年３月分の買掛金計上額が理論値と合っているかを確認するExcelファイルのファイル名です。

2703　買掛金帳簿一致確認　古旗　270409-final.xlsx

- 2703 → 何年何月分のデータかを明記
- 買掛金帳簿一致確認 → シートの内容が容易に識別できる名前
- 古旗 → 作業者
- 270409 → 最終更新日
- final → 完成版であることを明記

最初の2703は対象月を意味し，平成27年３月分の仕訳を切るためのものであることを示しています。

次にファイルの内容を具体的かつ簡潔に表記します。少なくとも関連作業で作成したExcelファイルとは明確に区別できる名前であることが必須です。

次に，作成者の名前を漢字で記入します。業務担当者ではなく，最後にExcelを更新した人の名前です。仕事の責任の所在が明確になるうえ，監査法人が監査する際，誰に質問すればいいかが明確になり，お互いにとってスムーズに対応できることになります。

最後に最終更新日付を記入します。同日に再更新を行った場合は「270409－２」となります。

お尻についている「final」は最終確定版であることを示しています。作業中で未完成の場合は●をつけたり，修正版の場合は修正内容をカッコ書きで記載したりします。

2703　買掛金帳簿一致確認　古旗　270409●.xlsx

作業未了の場合

ファイル名の名付けルールにおいて重要なのは，**ファイル名を並べただけで，どのファイルを開けばいいかが認識できるようにしておく**ことです。作業ごとにファイルを保管しておくと，同じフォルダ内に類似のファイルが同梱されるため，特に類似ファイルとの違いがはっきりわかるようにしておく必要があるでしょう。

Section 7　フォルダやファイルの順番にもこだわる

最後に，Windowsの画面上で表示されるファイルの順番にもこだわっていきましょう。

【図表2－8】は，グループ会社各社の連結パッケージを格納したフォルダを示しています。

【図表2－8】

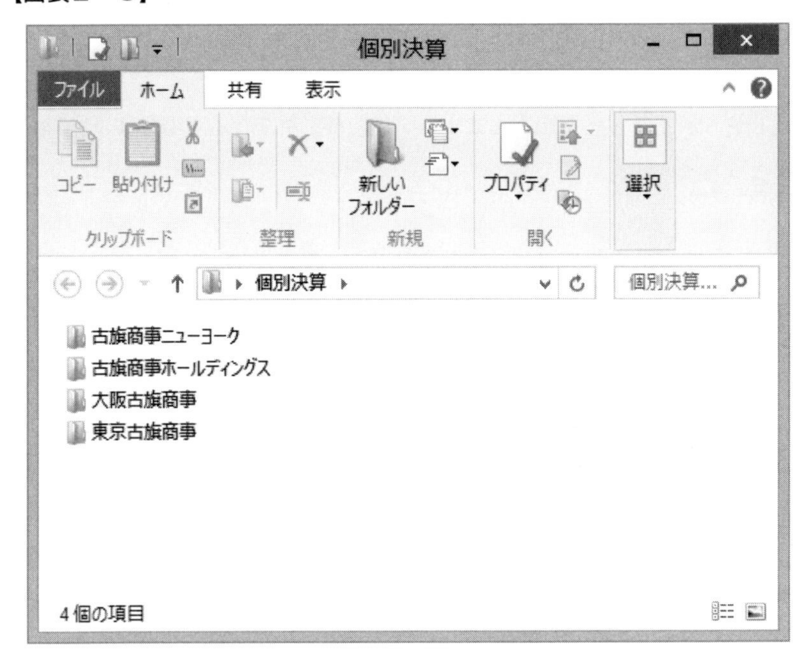

このときのフォルダの並び順は，名前により昇順で並んでいます。

しかしグループ企業というものは，最上位の親会社をはじめとして，設立順や重要度順など，何らかの並び順が決まっているのが一般的です。特に連結決算においては，この並び順が統一されていないと，思わぬミスが発生するリスクがあります。

そこで，上記4つのフォルダを上から「古旗商事ホールディングス」→「東京古旗商事」→「大阪古旗商事」→「古旗商事ニューヨーク」の順番に並べるにはどうすればいいでしょうか。

実はとても簡単で，**【図表2－9】**のように，フォルダ名の頭に数字を入力すればいいだけです。

【図表2－9】

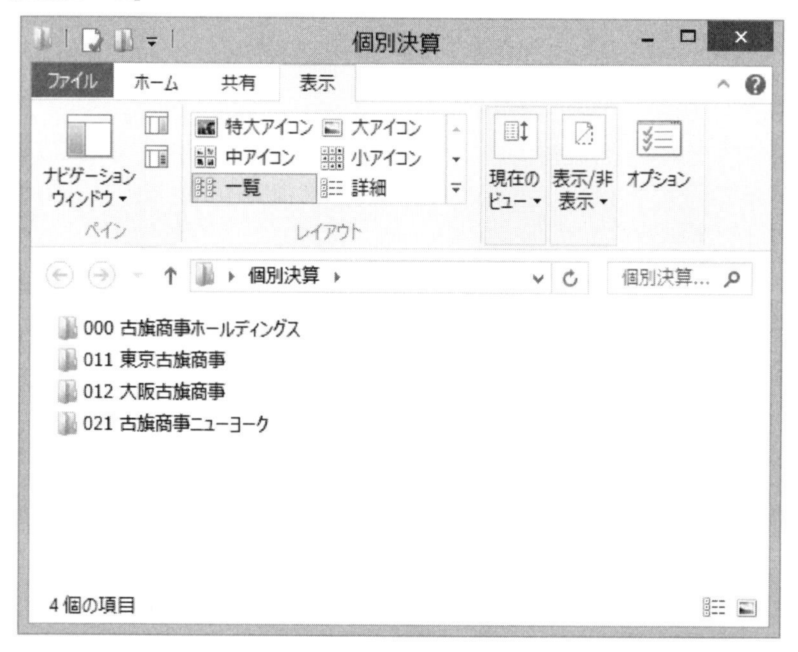

とても単純なことですが，フォルダを美しく整理整頓するうえでは非常に有効な方法です。

このような手法を使いながら，フォルダやファイルの並び順にはこだわっていきましょう。作業フロー順や使用頻度順など，並び順を工夫することで，作業の流れがイメージしやすくなったり，ファイルを探す時間が短縮できるのです。

Strategy 2 のまとめ

・ ただファイルを作って作業をするのではなく，後々の見返しに備えて，きちんと整理整頓しておくことが重要。

・ 証憑等の保管は電子データにて残す。紙保管義務がある場合でも，重要なものは別途データをとっておく。

・ データ管理の「悪い例」を行っている会社は多い。特に個人名のフォルダ内で作業を完結させるのはNG。

・ 法定調書など，最初から決まっているイベントの準備は日常的にしておく。締切り前になって過去の取引を調べるようなことのないよう，台帳管理を行っていく。

・ ファイル名はファイルにとっての顔であり，ファイル名でファイルの内容が識別できるようにしておく。

・ 統一した名付けルールによって，類似ファイルとの違いがわかるようにしておく。

・ フォルダやファイルの表示上の並び順もこだわる。名前の最初に番号を加えるとよい。

Strategy 3
美しい元帳を作成する

Section 1　元帳はキレイになっていますか？

（1）こんな帳簿になっていませんか？

経理にとって帳簿とは一種の成果物です。

日々汗水流して働いた結果としての帳簿には，入力担当者の経理スキルが如実に表れます。ぜひ一度，自分の会社の会計システムを開いて，各科目の元帳を眺めてみてください。

たとえば，租税公課勘定。「印紙税」や「登録免許税」といった，少額の仕訳がばさばさと入っている中で，数カ月に一回高額の「固定資産税」がどんと入ってきてはいませんか（**【図表３－１】**）。あるいはその逆で，固定資産税を管理部門別に振り分けているため，表示が固定資産税だらけになっていませんか。

たとえば，支払手数料勘定。非常に様々な費用が入り込む科目ですが，突発的なものと経常的なものは補助科目で分けられていますか。あるいは，源泉徴収のある費用とない費用は分けられていますか。

たとえば，雑収入勘定。この勘定科目にはそもそも毎月発生するような収益は避けるべきであり，取引数も年間数件に抑えるべきなのですが，売上と利息以外の収益は全部この勘定で処理していませんか。特に自動販売機収入のような，毎月発生するものが含まれていませんか。

【図表3－1】

総勘定元帳

株式会社古旗商事　　平成27年12月01日～平成27年12月31日
科目　租税公課
1頁

伝票日付	伝票番号	相手科目	税区分	借方金額	貸方金額	残高	摘要	発生部門
				805,711,441	183,951,580	621,759,861	＊＊　前月繰越　＊＊	
12月1日	XX-XXXX	現金	非仕	79,450		621,839,311	公正証書作成/A店	A店
12月2日	XX-XXXX	普通預金	非仕	60,000		621,899,311	収入印紙代/B店	B店
12月2日	XX-XXXX	現金	非仕	40,000		621,939,311	収入印紙代@4,000×10枚	総務部
12月10日	XX-XXXX	現金	非仕	68,375		622,007,686	公正証書作成/新規X店	店舗開発部
12月11日	XX-XXXX	現金	非仕	100,500		622,108,186	公正証書作成/新規Y店	店舗開発部
12月13日	XX-XXXX	現金	非仕	600		622,108,786	ｾﾌﾞﾝｲﾚﾌﾞﾝ　収入印紙代	C店
12月15日	XX-XXXX	現金	非仕	30,000		622,138,786	酒販許可登録免許税	C店
12月15日	XX-XXXX	普通預金	非仕	5,864,600		628,003,386	固定資産税納付（○市）	振替部門
12月16日	XX-XXXX	現金	非仕	600		628,003,986	ｾﾌﾞﾝｲﾚﾌﾞﾝ　収入印紙代	D店
12月16日	XX-XXXX	現金	非仕	30,000		628,033,986	酒販許可登録免許税	D店
12月20日	XX-XXXX	現金	非仕	600		628,034,586	ｾﾌﾞﾝｲﾚﾌﾞﾝ　収入印紙代	E店

（2）何が問題なのかわかりますか？

上記の勘定科目（租税公課，支払手数料，雑収入）はいずれも雑多な取引が集まりがちで，それ自体が悪いわけでは必ずしもありません。しかしながら，経理がうまい人はなるべく雑多な取引が集まることを避けていますし，避けられない場合にはちょっとした工夫を加えて，**見やすく美しい元帳を意識的に作っている**のです。

逆に言えば，経理が下手な人は，元帳の見栄えについては無頓着なことが多いのです。

Section 2　なぜ，美しい元帳が必要なのか

では，なぜ経理がうまい人は，手間をかけてまで美しい元帳を作ろうとするのでしょうか。

それは，**帳簿は入力すればそれで終わりというものではなく，ミスがないか**

のチェックも含めて，後で見返すものだからです。

キャッシュ・フロー計算書や連結パッケージを作成している会社であれば，元帳を見ながら科目の変動理由を分析したことがあると思います。このとき，元帳がすっきり見やすければ作業はすぐに終わりますが，雑多な取引がぐちゃぐちゃと出入りしていれば，取引ひとつひとつを理解する作業に大変な時間を奪われるでしょう。

また，キャッシュ・フロー計算書を作らない会社であっても，残高が想定額と違うことに気づいた際，元帳を見返して仕訳の入力漏れや科目の入り繰りを探すことになります。その際にも，元帳がキレイに整頓されているか否かで作業時間は驚くほど変わることでしょう（**【図表3－2】**）。

元帳を美しく構成することは，経理を高速化するための非常に重要なファクターです。ほんの少しだけ仕訳の際に時間がかかるかもしれませんが，トータルで見ると確実にスピードアップできるのです。

【図表3－2】

補助元帳

株式会社古旗商事　　平成27年12月01日～平成27年12月31日

科目　租税公課　　補助科目　印紙税

1頁

伝票日付	伝票番号	相手科目	税区分	借方金額	貸方金額	残高	摘要	発生部門
				18,000	0	18,000	＊＊　前月繰越　＊＊	
10月1日	XX-XXXX	現金	非仕	600		18,600	ｾﾌﾞﾝｲﾚﾌﾞﾝ　収入印紙代	A店
10月1日	XX-XXXX	普通預金	非仕	600		19,200	ｾﾌﾞﾝｲﾚﾌﾞﾝ　収入印紙代	B店
10月3日	XX-XXXX	現金	非仕	600		19,800	ｾﾌﾞﾝｲﾚﾌﾞﾝ　収入印紙代	C店
10月3日	XX-XXXX	現金	非仕	600		20,400	ｾﾌﾞﾝｲﾚﾌﾞﾝ　収入印紙代	D店
10月4日	XX-XXXX	現金	課仕共8%	500,000		520,400	○○司法書士報酬	法務部
10月7日	XX-XXXX	現金	非仕	600		521,000	ｾﾌﾞﾝｲﾚﾌﾞﾝ　収入印紙代	E店
10月7日	XX-XXXX	現金	非仕	600		521,600	ｾﾌﾞﾝｲﾚﾌﾞﾝ　収入印紙代	F店

＊　仕訳ミスもすぐに見つかる

Section 3　読みやすく，探しやすく，情報が取りやすく

では，どのようにすれば元帳は美しくなるのでしょうか。

経理がうまい人は，仕訳を切る前に元帳を確認し，どのような仕訳を切れば元帳が美しくなるかを考えたうえで，勘定科目や補助科目，あるいは仕訳の形や摘要の内容を決めています。**その際に意識するポイントは，「読みやすさ」「探しやすさ」「情報の取りやすさ」の3点です（【図表3－3】）。**

【図表3－3】

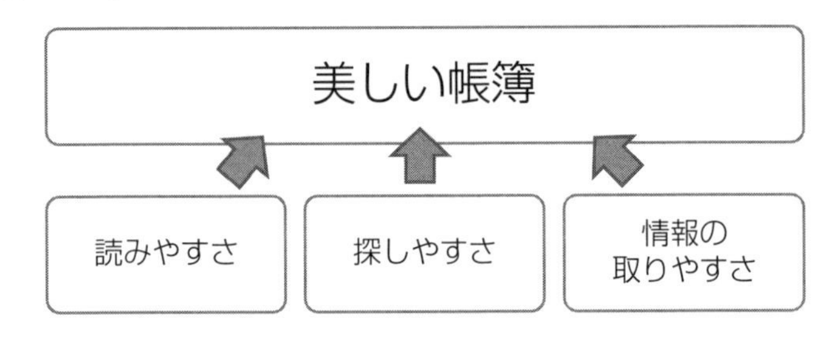

（1）読みやすい元帳

読みやすい元帳とは，たとえば数値の動きが定型的・経常的な元帳です。まず例として作成した，**【図表3－4】**の預り金勘定の補助科目「預り源泉所得税（報酬）」の補助元帳をご覧ください。

預り金／預り源泉所得税（報酬）の補助元帳では，前月に発生した源泉所得税が翌月10日に支払われ，残高がゼロになっていることがわかります。非常に整然とした美しい元帳で，何かのミスで余計な取引が紛れ込んでいたり，消し込みの金額が誤っていて残高がゼロにならなかったりすると，元帳を一見しただけですぐに発見できるようになっています。

【図表3－4】預り金／預り源泉所得税（報酬）の補助元帳

補助元帳

科目 預り金 補助科目 預り源泉所得税(報酬)

1頁

伝票日付	伝票番号	相手科目	税区分	借方金額	貸方金額	残高	摘要	発生部門
				0	25,300	25,300	＊＊ 前期繰越 ＊＊	
4月10日	XX-XXXX	普通預金	対象外	25,300		0	3月分納付	共通
4月30日	XX-XXXX	支払手数料	対象外		20,000	20,000	税理士報酬 源泉税	共通
4月30日	XX-XXXX	支払手数料	対象外		5,300	25,300	社労士報酬 源泉税	共通
				25,300	50,600	25,300	＊＊ 4月合計 ＊＊	
5月10日	XX-XXXX	普通預金	対象外	25,300		0	4月分納付	共通
5月31日	XX-XXXX	支払手数料	対象外		220,000	220,000	税理士報酬(決算)源泉税	共通
5月31日	XX-XXXX	支払手数料	対象外		5,300	225,300	社労士報酬 源泉税	共通
				50,600	275,900	225,300	＊＊ 5月合計 ＊＊	
6月10日	XX-XXXX	普通預金	対象外	225,300		0	5月分納付	共通

もし補助科目を適切に設定しておらず，仮に3カ月に1度支払が訪れる労働保険料が混在していたら，**【図表3－5】**のような元帳になります。

【図表3－5】労働保険料が混在した補助元帳

補助元帳

科目 預り金 補助科目 預り源泉所得税(報酬)&労働保険料

1頁

伝票日付	伝票番号	相手科目	税区分	借方金額	貸方金額	残高	摘要	発生部門
				0	25,300	25,300	＊＊ 前期繰越 ＊＊	
4月10日	XX-XXXX	普通預金	対象外	25,300		0	3月分納付	共通
4月30日	XX-XXXX	給与手当	対象外		800,000	800,000	労働保険料従業員分預り	共通
4月30日	XX-XXXX	支払手数料	対象外		20,000	820,000	税理士報酬 源泉税	共通
4月30日	XX-XXXX	支払手数料	対象外		5,300	825,300	社労士報酬 源泉税	共通
				25,300	850,600	825,300	＊＊ 4月合計 ＊＊	
5月10日	XX-XXXX	普通預金	対象外	25,300		800,000	4月分納付	共通
5月31日	XX-XXXX	給与手当	対象外		800,000	1,600,000	労働保険料従業員分預り	共通
5月31日	XX-XXXX	支払手数料	対象外		220,000	1,020,000	税理士報酬(決算)源泉税	共通
5月31日	XX-XXXX	支払手数料	対象外		5,300	1,025,300	社労士報酬 源泉税	共通
				50,600	1,875,900	1,825,300	＊＊ 5月合計 ＊＊	

どうでしょうか。数字の流れが不規則になっており，残高もゼロになるときがありません。

預り源泉所得税（報酬）のみを切り分けた場合に比べ，「汚い」と感じていただけましたでしょうか。

実際には，報酬にかかる預り源泉所得税と労働保険料を同じ補助科目にまとめることはないでしょうが，汚い元帳と綺麗な元帳の違いについてお分かりいただけたかと思います。

あなたの会社の預り金勘定は，きちんと補助科目で切り分けられているでしょうか。ぜひ確認してみてください。

（2）探しやすい元帳

帳簿には会社のあらゆる取引が記録されていますので，ある取引についてどのような仕訳を切ったかについて，決算のときに見返すのは大変です。これを効率的に行うために，日付，補助科目，部門，相手先，摘要といった機能をうまく活用していきましょう。

ただし，これらの機能を１つだけ追求しても，探しやすい元帳ができるとは限りません。それどころか場合によっては逆効果にもなり得ます。

たとえば小売業では，部門機能を使って店舗別に収益費用を振り分け，店舗別損益管理を行うのが一般的ですが，数百店舗から数千店舗ある企業では，ひとつの費用を入力するのに数百行から数千行の仕訳が発生することになり，元帳にも同質の行が大量に表示されることになります（**【図表３－６】**）。

【図表3－6】

総勘定元帳

科目　租税公課

1頁

伝票日付	伝票番号	相手科目	税区分	借方金額	貸方金額	残高	摘要	発生部門
				0	0	0	＊＊　前月繰越　＊＊	
4月1日	XX-XXXX	現金	非仕	79,450		79,450	公正証書作成/A店	A店
4月2日	XX-XXXX	普通預金	非仕	60,000		139,450	収入印紙代/B店	B店
4月30日	XX-XXXX	未払金	非仕	50,000		189,450	事業所税	A店
4月30日	XX-XXXX	未払金	非仕	50,000		239,450	事業所税	B店
4月30日	XX-XXXX	未払金	非仕	50,000		289,450	事業所税	C店
4月30日	XX-XXXX	未払金	非仕	50,000		339,450	事業所税	D店
4月30日	XX-XXXX	未払金	非仕	50,000		389,450	事業所税	E店
4月30日	XX-XXXX	未払金	非仕	50,000		439,450	事業所税	F店
4月30日	XX-XXXX	未払金	非仕	50,000		489,450	事業所税	G店
4月30日	XX-XXXX	未払金	非仕	50,000		539,450	事業所税	H店
4月30日	XX-XXXX	未払金	非仕	50,000		589,450	事業所税	I店

部門が違うだけの行が大量に並び，他の仕訳が見えない

このような少数の取引が寡占している元帳をスクロールしながら必要な取引を探し出すのは，大変非効率な作業です。

そんな場合は補助科目によって他の取引と切り離して記帳し，毎月その補助科目にはその取引しか入らないようにしましょう。そうすることで，その取引外のイレギュラーな取引は「その他」の補助科目に分類され，探しやすくなります。詳しくはSection 5で後述します。

（3）情報が取りやすい元帳

1年間における経理の最大のヤマ場は，言うまでもなく本決算です。決算においては，決算修正を加えたり，連結決算を組んだりしなければいけないのですが，その際には頻繁に帳簿を参照し，必要な情報をピックアップしていくことになります。

この作業は，1年で一番忙しい決算期に行います。したがって，帳簿にはスピーディーに情報を読み取るための「仕組み」が求められるのです。

たとえば，法人税の申告書には内訳書を添付しなければならないのですが，その内容のひとつである地代家賃の内訳を集計するために，地代家賃の総勘定元帳を印刷して，電卓をたたいて物件ごとの集計を出してはいないでしょうか。

そんなことをしなくても，補助科目か相手先を設定しておけば，残高表を出力するだけで集計結果が簡単に入手できます。各補助元帳を眺めれば入り繰りが発生していないかはすぐにわかり，ミスも少なくなるでしょう。

預金勘定の残高管理で補助科目を使っていない会社はないと思いますが，それと同じことを各科目で効果的にしていけばいいだけなのです。

Section 4　会計システムとExcelを連動させる

経理部においてもっとも重要なITツールといえば，言うまでもなく帳簿を扱う会計システムです。

とはいえ，すべての勘定科目の変動を会計システムに依拠することが常にベストとは限らないのも事実です。ときには帳簿外においてExcelを活用し，一覧表で内訳管理したほうが効率的な場合もあるのです。特に成長の過程にある非上場会社では，専門システムを導入するのはなかなかハードルが高いため，Excelの併用は有力な選択肢でしょう。

たとえば，売掛金は多数の得意先に対し，売掛金の計上と入金の確認・消し込みを毎月毎月繰り返さなければなりません。そのため，十分な投資予算があれば債権管理システムを連動させることになるのですが，得意先が数十社程度であれば，Excelを使って以下のような方法も考えられます。

フォーマットは**【図表3－7】**のとおり，タテの各行に取引先名を入力し，ヨコの列には月数を6列ごとに並べます。各月には，①「計上」，②「入金予定」，③「実入金」，④「差額」，⑤「前月修正」，⑥「残高」の列を設定します。

【図表3－7】

	A	B	C	D	E	F	G	H	I	J
1	債権管理表		①	②	③	④	⑤	⑥		
2	30日サイト売掛金	15年3月	15年4月						15年5月	
3	得意先	残高	計上	入金予定	実入金	差額	前月修正	残高	計上	入金予定
4	東京商会	568,000	674,200	568,000	568,000	0		674,200	526,600	568,000
5	大阪食品	456,800	561,700	456,800	453,700	−3,100		564,800	348,000	456,800
6	名古屋工業	234,000	157,600	234,000	234,000	0		157,600	250,800	234,000
7	信州物産	124,000	348,800	124,300	124,000	−300	300	349,100	423,300	124,300
8		0		0		0		0		0
9	30日サイト小計	1,382,800	1,742,300	1,383,100	1,379,700	−3,400	300	1,745,700	1,548,700	1,383,100
10										
11			4月差額内容						5月差額内容	
12										
13			・大阪食品：先方の入力ミスによる差異3,100円。						・大阪食品：4月の先方	
14				5月に3,100円多く入金で対応						
15										
16			・信州物産：当社側での入力ミスによる差異300円。						・信州物産：4月の当社	
17				修正仕訳入力済み。						

①「計上」と③「実入金」が毎月入力するセルであり，その名のとおり売掛金の新規計上額と実際の入金額を入力していきます。

②「入金予定」は，回収サイトに応じて一定の月数前の計上額が自動で表示され，③「実入金」と②「入金予定」の差を④「差額」として表示します。つまり実入金が予定されていた入金額と異なれば，ゼロ以外の数字が表示される仕組みとなっています。

差額が発生したら原因を追求して，先方のミスであれば翌月の差額（プラスマイナスは逆）になるよう入金額を調整してもらい，当方のミスであれば最新月の「前月修正」に入力します。

「残高」は**『前月末残高＋計上額－実入金額＋前月修正』**で自動計算され，月末残高が表示されるようになっています。

このような集計表を作成しておけば，必ずしも会計システム上で売掛金の相手先を設定する必要はなく，タテの列を集計した毎月の合計額を元に一本で仕訳を切ればよいことになります。回収サイトが複数ある場合は複数の表を作ればいいでしょう。

この方法の利点としては，常に一覧表で全体像が掴みやすいことです。一方でExcelには操作ミスで数式が崩れるというリスクがあるため，「シートの保護」や，毎月帳簿残高と管理表合計残高が一致しているかの確認をすることが必要になってきます。

Section 5　元帳の「切り方」を工夫する

上記のように，Excelや外部システムも有効に使いながら，勘定科目，補助科目，取引先等の各種機能を使い分けるのが，美しい帳簿を作るポイントです。

どのように勘定科目や補助科目を設定し，取引を集約していくかについては，科目の分類，すなわち「切り方」が問われるのであり，これこそ経理の腕の見せ所と言っていいでしょう。というのも，次の作業や将来の出来事といった大きな経理の流れと，その際発生する具体的な作業の両方がそれぞれイメージできなければ，本当に適切な切り方はできないのです。

どのような切り方が最適かについては会社により千差万別なところがあるため，トライ&エラーで少しずつ作りこんでいく必要があるのですが，以下で切り方を考える際のヒントとなる視点を５つ紹介しましょう。

（１）次の作業に備える

次にどんな作業が待っているのか，帳簿からどんな情報が必要になるのかを考え，その情報を取りやすい切り方を選ぶ方法です。以下でいくつか事例を紹介しましょう。

例1：預り源泉所得税の補助科目設定

預り金勘定に預り源泉所得税の補助科目を設定し，さらに給与や報酬で補助を分けておけば，前月末の残高を確認するだけで納付書の作成まで簡単にできます。具体的にはSection 3の(1)を読み返してみてください。

納付書の作成を「次の作業」と捉え，「どうすれば次の作業が簡単になるだろうか」を考えると，こういった発想が出てきます。言い換えれば，作業のたびに，「前の作業を工夫することでもっとスムーズにできないか」を考えてみましょう。

例2：交際費の税務上の扱い別補助科目

決算での必要書類作成に備えて補助科目や相手先を設定するのも，次に備えた切り方です。税金計算に備えて，接待交際費勘定に，「一般交際費」「5,000円以下の飲食費」「5,000円超の飲食費」といった補助科目を設定するのもいいでしょう。

これは交際費の税務上の扱いがそれぞれことなるからで，税金計算の際に必要になります（【図表3－8】）。上場会社の場合，税金計算のために確保できる時間は非常に限られているため，すぐに必要な情報が入手できるようにしておきましょう。

【図表3－8】平成28年1月現在の交際費課税制度

交際費の態様	税務上の扱い
5,000円以下の飲食費	全額損金算入
5,000円超の飲食費	50%損金算入
それ以外の交際費	損金算入不可

※　中小法人の場合は800万円の定額控除あり

例3：未払法人税等は会計・税務の特徴ごとに

未払法人税等の勘定科目には,「法人税」「住民税」「事業税所得割・地方法人特別税」「外形標準課税」の４つの補助科目を設定すべきです。

これは，それぞれごとに会計・税務の取扱いが異なるためです（**【図表３－９】**)。同じ「県税」であっても，道府県民税と事業税はまったくの別物であるため，同様に扱うべきではありません。

特に事業税については，同じ名前の税金でも，所得割と外形標準課税（付加価値割・資本割）は会計上の取扱いがまったく別物で，分けておかなければキャッシュ・フロー計算書作成時に大変な苦労を強いられます。

一方で，事業税所得割と地方法人特別税は，会計上も税務上も全く同じ扱いになりますので，帳簿上も一緒にしてしまったほうがいいでしょう。

【図表３－９】各税金の会計・税務の取扱い

税　目	会計上の扱い	税務上の扱い
法人税 地方法人税	法人税，住民税， および事業税	損金不算入 源泉所得税相殺
道府県民税 市町村民税	法人税，住民税， および事業税	損金不算入 利子割相殺
事業税所得割 地方法人特別税	法人税，住民税， および事業税	損金算入
事業税付加価値割 事業税資本割	租税公課	損金算入

※　キャッシュ・フロー計算書上は，外形標準課税は営業キャッシュ・フローの「小計」より上，それ以外の法人住民事業税は「小計」より下に表示される

例4：雑収入や雑損失の中で重要性のあるもの

雑収入や雑損失勘定の中に金額の大きい収益・費用が混在しており，監査法人に指摘されて毎期損益計算書上で別掲表記しているようなら，最初から独立した勘定科目で仕訳を切っていくべきでしょう。毎期ExcelやAccessで集計をかけているとすれば，非常に時間の無駄なのです。

その他の決算作業

「次の作業」として意識すべき決算作業では，他にも，監査対応資料や連結パッケージなど様々な資料を作ることになるため，特に意識して切り方を考えるべきです。

決算期は非常に忙しく，時間と監査対応に追われながら仕事をしなければならないため，**この時期のスピードアップのために，日ごろできることはすべてやるべき**なのです。

継続性の前提には抵触しない

記帳する際の勘定科目を変更することに関しては「継続性の原則に反するのではないか？」と考える人がいるかもしれません。しかし，継続性の原則とは会計方針・会計処理をみだりに変更してはならないという原則であり，テクニックとしての記帳方法を変更することには何の問題もありません。

（2）「あるべき残」を追いやすく

あるべき残は意識していますか？

経理パーソンとして常に意識しておかなければならない概念に，「あるべき残」と呼ばれるものがあります。

あるべき残とは，「経理が正しく完了されたときに，結論となるべき残高」という意味であり，現預金であれば実在する金額，債権債務であれば期末までに発生した未収・未払の残高を示します。

決算修正は，すべての資産・負債の残高をあるべき残に合わせる作業といってもいいぐらいです。

資産・負債があるべき残に合っていないということは，過去の仕訳のどこかに間違いがあるということであり，そのような状況で決算を締めてしまうと間違いが翌期以降に波及してしまうため，確認できるはずのあるべき残が確認できないうちは決算を締めるわけにはいかないのです。

財務諸表はP／Lが一番多くの人に注目されやすいですが，少なくとも経理の決算作業においてはB／Sに注目する必要があります。経理スキルが高い人はB／S残高の精査に力を入れますし，監査法人は基本的にB／S科目ごとに監査を行います。監査法人が売上高の妥当性を見るときは，売上高の元帳を入念にチェックするのではなく，残高確認書で売掛金があるべき残と合っているかどうかを確認しているのです。

頻繁にチェックするあるべき残

経理においてはそのぐらい重要なあるべき残ですので，決算時に限らず常に意識しておく必要があります。正しい金額になっているか定期的にチェックし，決算で忙しくなる前にも確認しておくことが望ましいでしょう。

このようにあるべき残のチェックは頻繁かつ非常に重要な作業ですので，**あるべき残を容易に確認できる元帳体系にしておくべきです。**具体的には，あるべき残が把握できる単位で帳簿残高が把握できるといいでしょう。

その代表格が，上記で触れた普通預金勘定です。預金口座を複数持っている場合，原則として１つの口座に１つの補助科目を設定すべきです。そして毎月末に必ず全預金口座の残高をあるべき残に合わせるのです。こうすることで，タイムリーに仕訳の漏れが防げるのです。

（3）B／S科目は「消滅の日」に備える

P／L科目は期が変わると残高がゼロになりますが，B／S科目は翌期に繰り越され，何もなければさらに翌期に繰り越されます。

したがって敷金保証金などは，計上した10年後20年後に取り崩しが発生することも珍しくありません。その際，きちんと残高を分けておかなければ，正しく取り崩しの仕訳を切ることができなくなってしまいます。

この分け方で管理する方法は，必ずしも補助科目を活用する方法だけには限りません。代表的な方法が台帳管理で，ほぼすべての会計システムには固定資産台帳管理機能がついているため，敷金保証金等も含めて，なるべくこれを活用するといいでしょう。

保険積立金の場合は，解約可能単位である保険契約１本ごとに補助科目を設定しておき，将来どんな消滅の仕方をしても対応できるようにしておくべきです。最初は１本から始めた保険契約も後で追加されることがあるため，１本契約した時点で補助科目を設定しておくといいでしょう。

（4）規則的な取引は隔離する

金額の動きに一定の規則性がある取引は，同じ勘定科目の他の取引とは別個に把握しておくといいでしょう。

たとえば，支払手数料勘定には様々な費用が集合しがちですが，毎月ほぼ同額発生するものと，まったく規則性なく発生するものは，補助科目で明確に分けておくことをおすすめします。

例として，あなたの会社では月３万円でビル清掃の定期契約を結んでいたとしましょう。

【図表3－10】は支払手数料科目の月別発生額推移ですが，ビル清掃費用の計上ミスの有無が判断できますでしょうか。

【図表3－10】補助科目を設定していない場合

支払手数料の発生額推移表

	2015年4月	2015年5月	2015年6月	2015年7月	2015年8月	2015年9月
支払手数料	3,582,200	9,714,200	3,708,400	5,817,360	7,105,408	3,250,034

当然，わかるわけがないと思います。

そこで，適切に補助科目を設定し，補助科目ごとの推移一覧を集計すると，【図表3－11】のようになります。

【図表3－11】補助科目を設定していた場合

支払手数料 補助科目別発生額推移表

	2015年4月	2015年5月	2015年6月	2015年7月	2015年8月	2015年9月
監査報酬	1,500,000	5,500,000	1,500,000	1,500,000	1,500,000	1,500,000
税理士報酬	300,000	2,300,000	300,000	1,300,000	300,000	300,000
社労士報酬	250,000	250,000	250,000	250,000	250,000	250,000
経理ｺﾝｻﾙ報酬	700,000	200,000	200,000	400,000	200,000	200,000
ﾋﾞﾙ清掃料	30,000	30,000	30,000	30,000	3,518,068	30,000
弁護士顧問料	500,000	500,000	500,000	500,000	500,000	500,000
ｼｽﾃﾑ保守料	200,000	200,000	200,000	200,000	200,000	200,000
建物警備料	50,000	50,000	50,000	50,000	50,000	50,000
その他	52,200	684,200	678,400	1,587,360	587,340	220,034
支払手数料合計	3,582,200	9,714,200	3,708,400	5,817,360	7,105,408	3,250,034

こうすることで，８月のビル清掃料の数値異常が浮き上がって見えるのです。

（5）頻繁に発生する同質なものも隔離する

隔離すべき取引は規則的なものばかりではなく，同質なものもひとつにまとめてしまったほうがいいでしょう。これは同質なものを集計したり，本当に同質であるか確認するという意味合いもありますが，異質なものを際立たせるという効果もあります。

例として租税公課勘定を見てみましょう。企業活動に関わってくる税金や行政手数料は意外と多く，租税公課勘定も非常に雑多な取引が入り込みやすいものです。たとえば【図表３－12】のような総勘定元帳だったとしましょう。

【図表３－12】租税公課の総勘定元帳

総勘定元帳

科目　租税公課

1頁

伝票日付	伝票番号	相手科目	税区分	借方金額	貸方金額	残高	摘要	発生部門
				5,348,100	0	5,348,100	＊＊　前月繰越　＊＊	
8月1日	XX-XXXX	現金	非仕	600		5,348,700	ｾﾌﾞﾝｲﾚﾌﾞﾝ　収入印紙代	A店
8月1日	XX-XXXX	普通預金	非仕	600		5,349,300	ｾﾌﾞﾝｲﾚﾌﾞﾝ　収入印紙代	B店
8月3日	XX-XXXX	現金	非仕	600		5,349,900	ｾﾌﾞﾝｲﾚﾌﾞﾝ　収入印紙代	C店
8月3日	XX-XXXX	現金	非仕	600		5,350,500	ｾﾌﾞﾝｲﾚﾌﾞﾝ　収入印紙代	D店
8月7日	XX-XXXX	現金	対象外	834,600		6,185,100	延滞税(損金不算入)	財務部
8月7日	XX-XXXX	現金	非仕	600		6,185,700	ｾﾌﾞﾝｲﾚﾌﾞﾝ　収入印紙代	E店
8月7日	XX-XXXX	現金	非仕	600		6,186,300	ｾﾌﾞﾝｲﾚﾌﾞﾝ　収入印紙代	F店
8月8日	XX-XXXX	普通預金	非仕	600		6,186,900	ｾﾌﾞﾝｲﾚﾌﾞﾝ　収入印紙代	G店
8月8日	XX-XXXX	現金	非仕	600		6,187,500	ｾﾌﾞﾝｲﾚﾌﾞﾝ　収入印紙代	H店
8月10日	XX-XXXX	現金	非仕	600		6,188,100	ｾﾌﾞﾝｲﾚﾌﾞﾝ　収入印紙代	I店

小売業などは印紙税が頻発し，【図表３－12】のように元帳の表示が印紙税だらけになってしまうことがあります。しかしよく見ると，１つだけ延滞税が発生しているのがお分かりいただけますでしょうか。

印紙税は会計上も税務上も経費なのでそんなに気にかける必要はないのですが，延滞税は税務上損金にならない，つまり税務申告書上で調整が必要な項目であるため，決算時に抜き出されなければいけません。

しかし図のように大量の別の取引の中に紛れ込んでしまうと，探し出すのに非常に時間がかかるうえ，見落としのリスクも非常に高いのです。

そこで，租税公課勘定に「印紙税」という補助科目を設定し，邪魔な印紙税を個別の補助科目へ追いやった後の残り，つまり「その他」の補助元帳が【図

表3－13】です。

【図表3－13】租税公課／その他の補助元帳

補助元帳

科目　租税公課　　補助科目　その他

1頁

伝票日付	伝票番号	相手科目	税区分	借方金額	貸方金額	残高	摘要	発生部門
				0	0	0	＊＊　前月繰越　＊＊	
8月7日	XX-XXXX	現金	対象外	834,600		834,600	延滞税（損金不算入）	財務部
8月10日	XX-XXXX	受取利息	対象外	328		834,928	源泉所得税	財務部
8月10日	XX-XXXX	受取利息	対象外	107		835,035	住民税均等割	財務部
8月12日	XX-XXXX	現金	対象外	351,300		1,186,335	○県延滞金（損金不算入）	財務部
8月15日	XX-XXXX	現金	対象外	251,300		1,437,635	○市延滞金（損金不算入）	財務部

延滞税だけではなく，同じく申告書上調整が必要な源泉所得税や法人税均等割も容易に認識することができるようになりました。

このように，数が多くて邪魔な科目をまとめて隔離することによって，イレギュラーで重要な取引を探しやすくなるのです。

とにかく試しに分けてみよう

以上，仕訳における科目の切り分け方について述べました。

あまり細かく切り分けすぎると，あとあと集約することになって，かえって時間がかかるというのも事実ではあります。とはいえ，まとまったものを後で切り分けるよりは容易な作業でもあります。

上記で科目の切り方の「コツ」を説明しましたが，これを経理パーソンの「カン」に落とし込むまでは，トライ＆エラーでやってみることが大切です。恐れずにどんどん試してみていただきたいと思います。

Strategy 3 のまとめ

- 経理高速化のためには美しい元帳が必要。美しい元帳になるよう仕訳を切っていく
- 美しい元帳の要素は，読みやすく，探しやすく，情報が取りやすく
- 科目を分類する「切り方」を工夫する
  - 決算作業をはじめとした「次の作業」に備えた切り方
  - 「あるべき残」が追いやすい切り方
  - 「消滅の日」に備えた切り方
  - 規則的な取引の隔離
  - 同質な取引の隔離とイレギュラーの抜き出し
- Excelと会計帳簿を連動させるのも有効な方法
- とにかく試しに分けてみる姿勢が大切

Strategy 4
手作業をいかに減らしていくか

Section 1　手作業は非効率で不正確

突然ですが，あなたは電卓のスピードに自信があるでしょうか。

経理の職場にはだいたい１人ぐらい電卓の得意な人がいて，ものすごいスピードで数字を打ち込んでは，みんなの尊敬を集めていたりするものです。それはそれで立派な才能であり，世の中には電卓の早打ち選手権や段位認定制度もあるため，高みを目指したい方はどんどん目指していただきたいと思います。

しかし，経理のスキルと電卓の腕は，実はあまり関係がないのです。電卓が苦手な人は，決して真似してスピードを追うことはせず，落ち着いて正確に入力することに専念してください。

というのも，**そもそも手を動かしてデータを入力すること自体が非効率かつ不正確な行為なのです**。トップクラスの電卓の達人は１秒間に８桁入力できるらしいのですが，コンピュータなら同じ時間でどれだけの数字を処理できるのでしょうか。

膨大な数字を扱う経理部にとって，いかに手作業を排してデータ処理に切り替えていくかは，非常に大きなテーマなのです。

本書ではたびたび指摘していることですが，経理高速化とは決して動き自体のスピードを上げることではありません。終了までの時間を短縮することです。血のにじむような努力をするよりも，合理性とアイデアで「ラクして成果を出す」ことを目指してください。

Section 2　可能な限りデータ上で作業する

手作業を減らしてデータ処理に切り替えていくための非常に有効な方法として，コピー＆ペースト（コピペ）での入力が挙げられます。コピペならあっという間に大きなデータを正確に写すことができることは，誰しもが身をもって知るところでしょう。

また，多くの会計システムに「インポート」とか「外部連携」と呼ばれる機能があります。

これは一定の形式でCSVデータ（カンマで区切られた情報の羅列で，Excelでの加工がしやすい）を作成し，そのデータを会計システムに取り込ませることで，大量の仕訳を一気に入力することができる機能です。

これは非常に便利な機能で，入手したデータをExcelでインポート用の形式に加工し，CSVデータ化して会計システムに取り込むといった作業により，スピードと正確性の両方が劇的にアップするのです。

Section 3　関数を組み合わせたコピペ術

外部から入手した資料をコピペするといっても，資料はそれぞれまったく異なるフォーマットで作られているため，そのフォーマットを合わせる必要があります。

たとえばタテに数字が並んだデータを，ヨコに並べた表に入力したい，という場合を例に見てみましょう。**【図表４－１】**をご覧ください。

【図表4－1】

元となるデータ

	A	B
1	6月得意先別売上高	
2	相手先名	金額
3	東京商会	348,600
4	大阪食品	427,000
5	名古屋工業	246,000
6	信州物産	128,350
7		1,149,950
8		

入力先の表

	A	B	C	D	E
1					
2					
3	6月得意先別売上高				
4	東京商会	大阪食品	名古屋工業	信州物産	合計
5	348,600	427,000	246,000	128,350	1,149,950
6					

このような場合，元データのデータ領域（B3:B6）を一括でコピーして貼り付けることはできません。しかし，セルひとつひとつをコピーして値貼付けするのは判断ミスの元です（Excelには一応「行列を入れ替える」という貼付け方法があるのですが，もう少し複雑な場合は対応できないため，この例では触れません）。

そこで，**【図表4－2】**で示しているように，最終的に入力したい表とは別に，「貼付け専用のフィールド」を用意しておき，関数で数字をリンク（参照）させることで，入力ミスなく自動でデータを組み替えることができます。

【図表４－２】

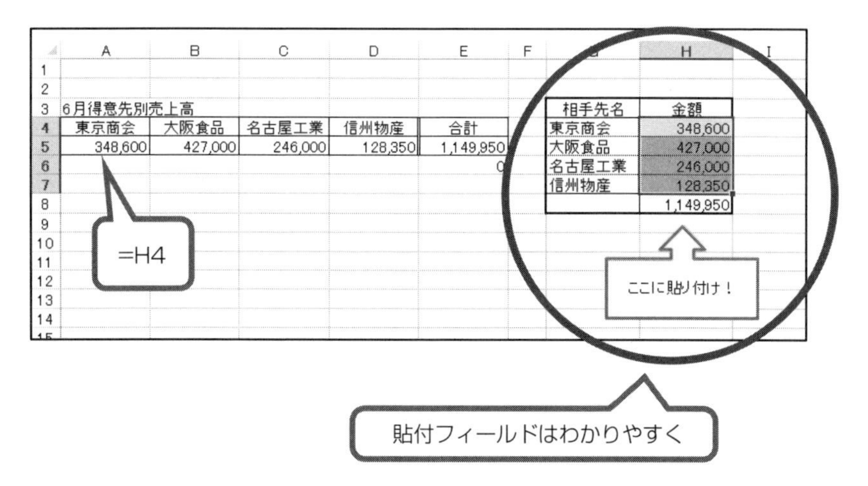

6月得意先別売上高

東京商会	大阪食品	名古屋工業	信州物産	合計
348,600	427,000	246,000	128,350	1,149,950
				0

相手先名	金額
東京商会	348,600
大阪食品	427,000
名古屋工業	246,000
信州物産	128,350
	1,149,950

では，次の**【図表４－３】**のように，毎月入力する箇所が違う場合はどうすればよいでしょうか。

【図表４－３】

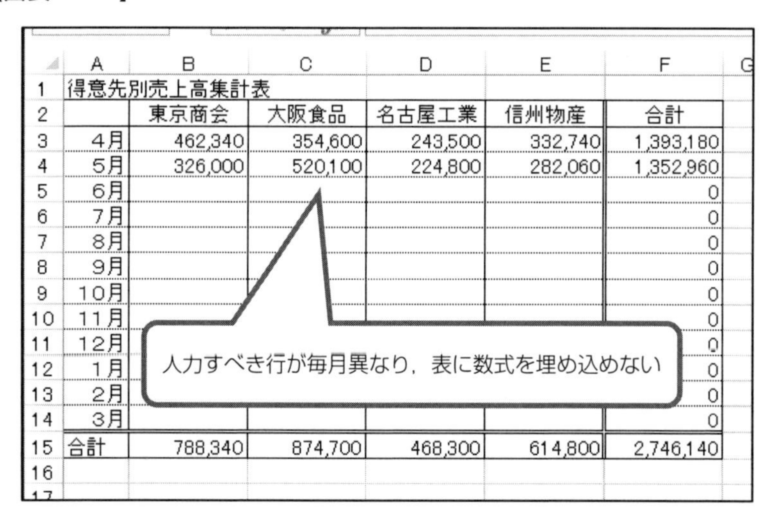

得意先別売上高集計表

	東京商会	大阪食品	名古屋工業	信州物産	合計
4月	462,340	354,600	243,500	332,740	1,393,180
5月	326,000	520,100	224,800	282,060	1,352,960
6月					0
7月					0
8月					0
9月					0
10月					0
11月					0
12月					0
1月					0
2月					0
3月					0
合計	788,340	874,700	468,300	614,800	2,746,140

シンプルな解決策として，コピー用のフォーム組替えフィールドを用意しておき，リンクによって自動で順序を組み替えたうえで，コピー＆値貼付けするという作業手順にする方法があります（**【図表４－４】**）。

【図表４－４】

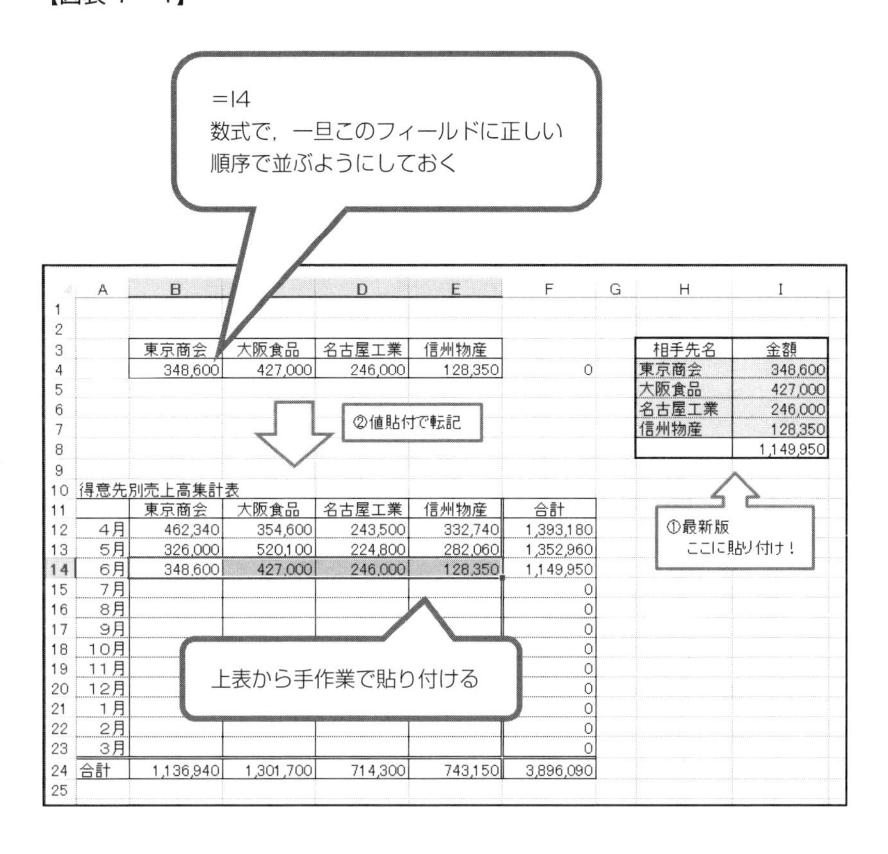

東京商会	大阪食品	名古屋工業	信州物産	
348,600	427,000	246,000	128,350	0

相手先名	金額
東京商会	348,600
大阪食品	427,000
名古屋工業	246,000
信州物産	128,350
	1,149,950

得意先別売上高集計表

	東京商会	大阪食品	名古屋工業	信州物産	合計
4月	462,340	354,600	243,500	332,740	1,393,180
5月	326,000	520,100	224,800	282,060	1,352,960
6月	348,600	427,000	246,000	128,350	1,149,950
7月					0
8月					0
9月					0
10月					0
11月					0
12月					0
1月					0
2月					0
3月					0
合計	1,136,940	1,301,700	714,300	743,150	3,896,090

コピペという手作業が２回発生するものの，組替えの判断は不要であるため，これでもスピードと正確性は大きく向上します。上記の例では説明を簡略化するためデータ量を少なくしていますが，大きなデータになるほど効果を発揮するでしょう。

上記の例は非常に単純な解決策ですが，**大切なことは手作業や作業判断を極力排除することです。**手作業や判断には常にヒューマンエラーが入り込む余地があり，起こりうることはいつか必ず起こります。可能性を完全になくすことができなくても，少しでも減らす方法を考えましょう。

コピーしてペーストするという作業も人間がマウスを使って行う手作業であるため，ミスの危険性を減らすために，なるべく少ない回数で終わらせるべきなのです。

Section 4　SUMIFとVLOOKUPで情報自動取得

（1）SUMIF関数の概要

実は，前頁**【図表4－4】**の，タテのデータをヨコに並べた表に転送する方法には，大きな問題があります。それは，元のデータが不規則な順番になっている場合，間違ったセルを参照してしまうことになる，ということです。

たとえば，**【図表4－4】**のもととなる「得意先別売上集計表」において，タテのデータの順序が毎月変わる場合，単純にリンク参照していたのでは，間違った箇所に間違ったデータが飛んでしまいます（**【図表4－5】**）。

【図表4－5】

前月と違う並び順になっていると・・・

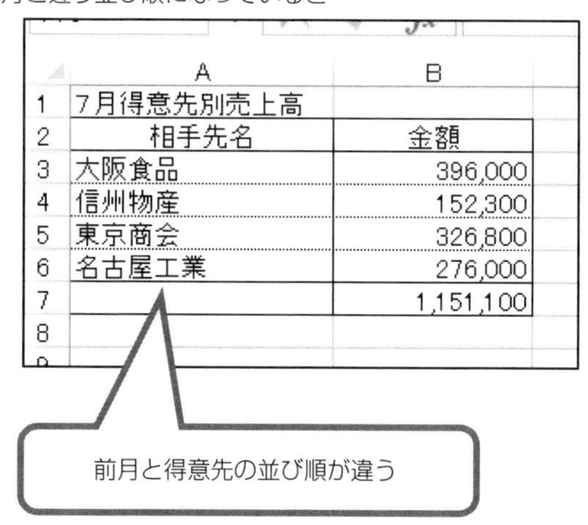

	A	B
1	7月得意先別売上高	
2	相手先名	金額
3	大阪食品	396,000
4	信州物産	152,300
5	東京商会	326,800
6	名古屋工業	276,000
7		1,151,100
8		

そのまま図表4－4に貼り付けてしまうと・・・

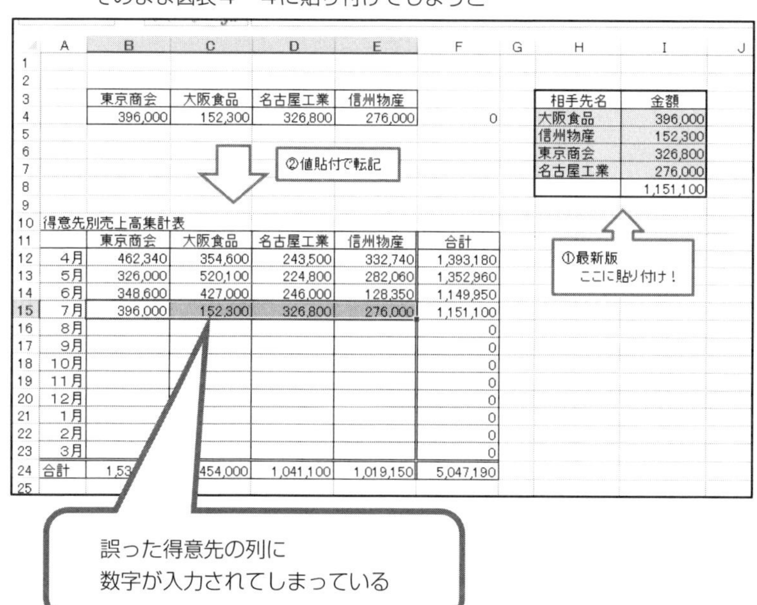

	A	B	C	D	E	F
3		東京商会	大阪食品	名古屋工業	信州物産	
4		396,000	152,300	326,800	276,000	0
10	得意先別売上高集計表					
11		東京商会	大阪食品	名古屋工業	信州物産	合計
12	4月	462,340	354,600	243,500	332,740	1,393,180
13	5月	326,000	520,100	224,800	282,060	1,352,960
14	6月	348,600	427,000	246,000	128,350	1,149,950
15	7月	396,000	152,300	326,800	276,000	1,151,100
16	8月					0
17	9月					0
18	10月					0
19	11月					0
20	12月					0
21	1月					0
22	2月					0
23	3月					0
24	合計	1,53	454,000	1,041,100	1,019,150	5,047,190

	H	I
3	相手先名	金額
4	大阪食品	396,000
5	信州物産	152,300
6	東京商会	326,800
7	名古屋工業	276,000
8		1,151,100

このような場合，表から指定したデータをピックアップして集計する「SUMIF（サムイフ）」関数が便利です。

SUMIF関数は，表の中から条件に一致する行を選び，その行にある指定した列の数値の合計を計算してくれます。集計すべき数値がひとつしかない場合は，その数値をそのまま拾ってきてくれます。たとえば以下【図表4－6】の場合，最新版に貼り付けた相手先名がどんな順番であってもB4セルには「東京商会」の数値を拾ってきてくれるのです。

【図表4－6】並べ替えフィールドでSUMIFを使用

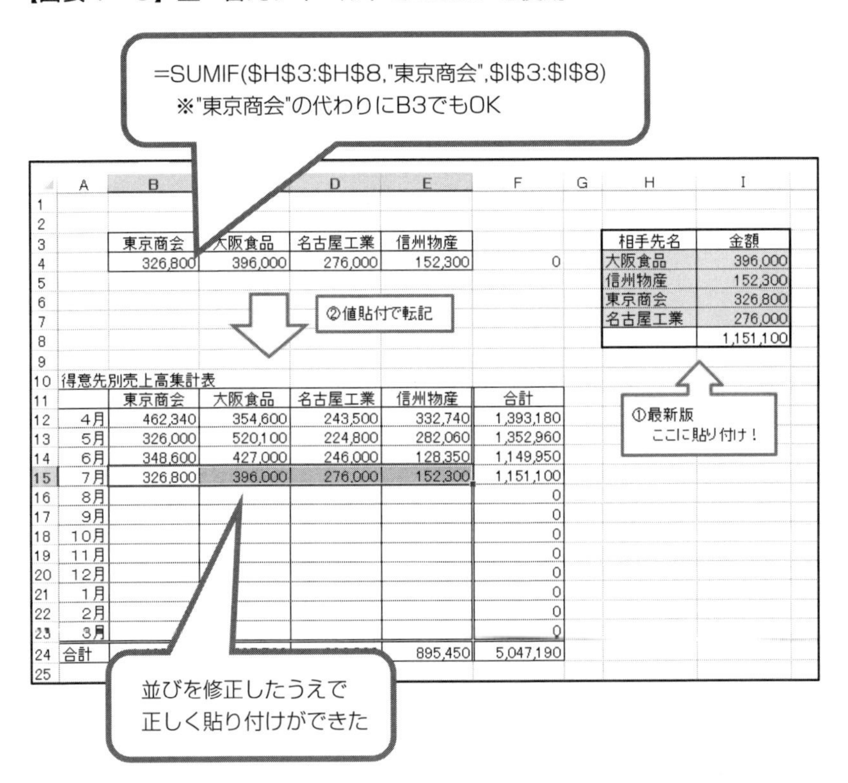

	東京商会	大阪食品	名古屋工業	信州物産		
4	326,800	396,000	276,000	152,300	0	

相手先名	金額
大阪食品	396,000
信州物産	152,300
東京商会	326,800
名古屋工業	276,000
	1,151,100

得意先別売上高集計表

	東京商会	大阪食品	名古屋工業	信州物産	合計
4月	462,340	354,600	243,500	332,740	1,393,180
5月	326,000	520,100	224,800	282,060	1,352,960
6月	348,600	427,000	246,000	128,350	1,149,950
7月	326,800	396,000	276,000	152,300	1,151,100
8月					0
9月					0
10月					0
11月					0
12月					0
1月					0
2月					0
3月					0
合計				895,450	5,047,190

なお，貼付けフィールド（H3:H8）に，集計条件に該当する取引先の行が２つある場合は合算してしまうことにご注意ください。

よくあるミスが，前月のデータの上に新しい月のデータを貼付けた際，データの行数が前月よりも少なく，下の方に前月のデータが残っていたために，それも集計してしまうことです。

そのようなミスを防ぐためには，条件に合う数を数えるCOUNTIF（カウントイフ）関数を併用するとよいでしょう。具体的な方法は**Strategy 6のSection 9**で詳述します。

（2）1シート丸ごと元データ貼付がおすすめ

SUMIF関数の引用は，同一シートのみならず，別のシートを参照することもできます。

そのため，**１シートを丸ごと貼付専用とし，そこからSUMIF関数で別のシートに数字を飛ばす**，といった参照方法がおすすめです。

つまり，システムからCSVデータを出力すると，往々にして非常に読みづらい表が出てくるものですが，それを何ら加工せずにそのままひとつのシートにコピペして，SUMIF関数により必要な情報のみピックアップする，といった方法が便利です（**【図表4－7】**）。

そうすることで，毎月１回コピペするだけで，判断ミスなく適切なデータをピックアップできますし，元データが修正された際の更新作業も格段にスピーディかつ正確になります。

【図表4－7】

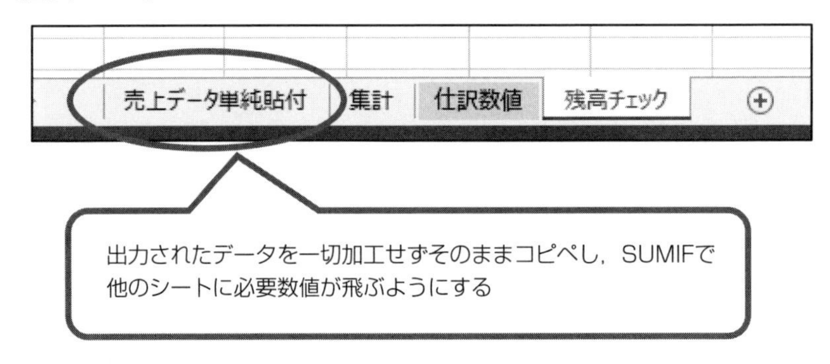

（3）文字列はVLOOKUP関数で

非常に便利なSUMIF関数ですが，拾ってこられるのは数値に限られており，文字列をピックアップしたい場合には使えません。そのため，文字列を拾いたい場合はVLOOKUP（ブイルックアップ）という関数を使うことになります。

VLOOKUP関数は，事前に作成しておいた一覧表の中から，指定した行・列のセルを拾ってくる関数です。詳しい説明は紙幅の都合上，専門書やインターネットにお譲りしますが，この関数は数値しか扱えないSUMIFと異なり，数値でも文字列でも扱うことができます。

しかし残念ながら，条件の列が昇順に並んでいなければならない，条件列よりも右側の列しか引用できない，などのSUMIFにはない制約も多く，使い勝手が悪い関数でもあります。そのため，数値の引用はSUMIFに任せ，摘要の自動作成などの文字列を扱う場面でのみ，VLOOKUPを使うことをおすすめします。

Section 5　証憑はなるべくデータで入手する

（1）とにかく一度，データで送ってくれるよう頼んでみよう

コピペやインポートを使って作業をするためには，当然ながら，入力の元となる資料はExcelやCSVといった電子データである必要があります。もし重要な証憑を紙やPDFで入手しているのであれば，なんとかしてデータで入手する方法がないか考えてみましょう。

たとえば，社内の別部署が作った経費一覧表が紙で送られてきているとしましょう。ここで，経費一覧表の元データをメールで送ってもらうだけで，経理作業は劇的に効率的かつ正確になるのです。

仮に内部統制上，その部署のトップの押印がなければ経費入力できない決まりになっていたとしても，入力作業まで縛られるものではないため，紙と一緒にデータを送ってもらって作業すれば問題ないはずです。もし入手した原紙とデータが一致しないリスクがあるのであれば，合計値をチェックするなどして，簡単に一致を確認する作業を追加すればいいだけのことです。

なお，画像データをExcel化するソフトウエアも販売されていますが，少なからず読み取りミスが発生しますので，使用の際は十分注意しましょう。

（2）小噺のような本当の話

ここで，私の実体験を紹介しましょう。

その会社では，某オフィス用品宅配会社から買うオフィス用品の消耗品費を，総務部が作った**【図表4－8】**のような「部署別注文一覧」（印刷物）を元に各部署の部門に振り分けていました。

【図表4－8】総務部作成の「部署別注文一覧」

11月分発注履歴

納品日	注文商品	発注部署	税抜金額
11月2日	☆丸ｲｽ	営業部一課	5,040
11月2日	送料	営業部一課	1,000
11月2日	氏名印 伊藤さん	営業部一課	290
11月2日	ｸｲｯｸｽﾀﾝﾊﾟｰ	営業部一課	1,566
11月3日	GﾎﾞｯｸｽPP	総務部	16,000
11月3日	ネーム	総務部	841
11月3日	ｸｲｯｸｽﾀﾝﾊﾟｰ 黒	総務部	2,900
11月3日	ｸｲｯｸｽﾀﾝﾊﾟｰ	総務部	1,566
11月3日	ｸｲｯｸｽﾀﾝﾊﾟｰ 黒	総務部	2,900
11月3日	ｸｲｯｸｽﾀﾝﾊﾟｰ	総務部	1,566
11月4日	ゴム印　東京駅前店	総務部	1,560
11月5日	画用紙ﾌﾚｰﾑ	総務部	4,800
11月5日	ﾃﾞｰﾀｰﾈｰﾑ 梅本さん	総務部	913
11月5日	ﾃﾞｰﾀｰﾈｰﾑ 中沢さん	総務部	913
11月5日	ﾃﾞｰﾀｰﾈｰﾑ　藤本さん	総務部	2,268
11月5日	氏名印 5x29 別製	総務部	290
11月5日	氏名印 5x29 別製	総務部	290
11月5日	XXX 銀	営業部一課	9,280
11月6日	ﾒｯｼｭｹｰｽ	総務部	11,360

そこで，まず注文一覧をデータで送ってもらうよう総務部に依頼し，その際に何気なく，この注文表はどうやって作っているのかをきいてみたのです。

なんと，某オフィス用品宅配会社の請求書に記載されている納品一覧を，いったんExcelに手入力し，その後各部署の注文履歴と突き合せて，注文ごとの責任部署を特定し書き込んでいたのだそうです（**【図表4－9】**）。

【図表4－9】総務担当者の業務フロー

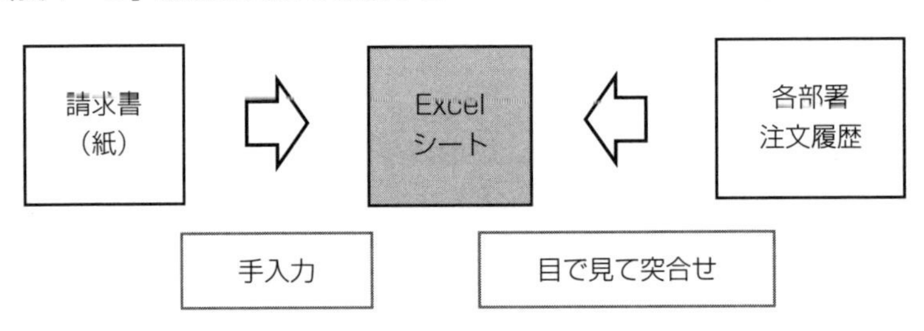

それではあまりに時間がかかってしまうので，私から某オフィス用品宅配会社に電話し，請求書の元になっている納品データを毎月送ってもらえないか尋ねてみました。結果は快諾で，しかも送られてきたデータには，すでに注文部署が記載されていたのです（**【図表４－10】**）。

【図表４－10】送られてきたデータ

L31

	A	B	C	D	E	F	G	H	I	J	K	L
1	売上伝票日付	売上伝票番	得意先名称1	得意先名称2	得意:	メーカー名	商品番号	商品名	売上数量	販売単	売上金額	明
2	20151102	111	株式会社古旗商事	営業部一課		ｼｮｲﾝﾃｯｸｽ	X-XXX-XXX	☆丸ｲｽ CXXX ﾌﾞﾗｯｸ 布張り	1	5040	5040	
3	20151102	112	株式会社古旗商事	営業部一課			X-XXX-XXX	送料	1	1000	1000	
4	20151102	113	株式会社古旗商事	営業部一課		ｼｬﾁﾊﾀﾞ	X-XXX-XXX	氏名印 5x29 別製　伊藤一刀斎様	1	290	290	
5	20151102	114	株式会社古旗商事	営業部一課		ｻﾝﾋﾞｰ	X-XXX-XXX	ｸｲｯｸｽﾀﾝﾊﾟｰ	1	1566	1566	
6	20151103	115	株式会社古旗商事	総務部		ｷﾝｸﾞｼﾑ	X-XXX-XXX	GﾎﾞｯｸｽPP XXX A4S 赤	80	200	16000	
7	20151103	116	株式会社古旗商事	総務部		四菱鉛筆	X-XXX-XXX	ネーム 既製品 XXX･K 栗原様	1	841	841	
8	20151103	117	株式会社古旗商事	総務部		ｻﾝﾋﾞｰ	X-XXX-XXX	ｸｲｯｸｽﾀﾝﾊﾟｰ 黒	1	2900	2900	
9	20151103	118	株式会社古旗商事	総務部		ｻﾝﾋﾞｰ	X-XXX-XXX	ｸｲｯｸｽﾀﾝﾊﾟｰ	1	1566	1566	
10	20151103	119	株式会社古旗商事	総務部		ｻﾝﾋﾞｰ	X-XXX-XXX	ｸｲｯｸｽﾀﾝﾊﾟｰ 黒	1	2900	2900	
11	20151103	120	株式会社古旗商事	総務部		ｻﾝﾋﾞｰ	X-XXX-XXX	ｸｲｯｸｽﾀﾝﾊﾟｰ	1	1566	1566	
12	20151104	121	株式会社古旗商事	総務部		はんこ2	X-XXX-XXX	ゴム印　東京駅前店	1	1560	1560	
13	20151105	122	株式会社古旗商事	総務部		ｵｶﾊﾞﾔｼ	X-XXX-XXX	画用紙ﾌﾚｰﾑ 8ﾂ切 ﾗｲﾄ	6	800	4800	
14	20151105	123	株式会社古旗商事	総務部		ｼｬﾁﾊﾀﾞ	X-XXX-XXX	ﾃﾞｰﾀｰﾈｰﾑ ｸﾞﾘｯﾌﾟ式 別製 梅本様	1	913	913	
15	20151105	124	株式会社古旗商事	総務部		ｼｬﾁﾊﾀﾞ	X-XXX-XXX	ﾃﾞｰﾀｰﾈｰﾑ ｸﾞﾘｯﾌﾟ式 別製 中沢様	1	913	913	
16	20151105	125	株式会社古旗商事	総務部		ｼｬﾁﾊﾀﾞ	X-XXX-XXX	ﾃﾞｰﾀｰﾈｰﾑ ｸﾞﾘｯﾌﾟ式 13号 別製　藤本様	1	2268	2268	
17	20151105	126	株式会社古旗商事	総務部		ｼｬﾁﾊﾀﾞ	X-XXX-XXX	氏名印 5x29 別製	1	290	290	
18	20151105	127	株式会社古旗商事	総務部		ｼｬﾁﾊﾀﾞ	X-XXX-XXX	氏名印 5x29 別製	1	290	290	
19	20151105	128	株式会社古旗商事	営業部一課		四菱鉛筆	X-XXX-XXX	XXX 銀	20	464	9280	
20	20151106	129	株式会社古旗商事	総務部		ﾘﾋｬﾙﾄ	X-XXX-XXX	ﾒｯｼｭｹｰｽ XXX B4 ｵﾌﾎﾜｲﾄ	20	568	11360	
21	20151109	130	株式会社古旗商事	総務部		ｻﾝﾋﾞｰ	X-XXX-XXX	ｸｲｯｸｽﾀﾝﾊﾟｰ	1	2900	2900	
22	20151109	131	株式会社古旗商事	総務部		ｻﾝﾋﾞｰ	X-XXX-XXX	ｸｲｯｸｽﾀﾝﾊﾟｰ	1	1566	1566	
23	20151109	132	株式会社古旗商事	総務部		はんこ2	X-XXX-XXX	ゴム印 〒XXX-XXX　××市～	1	1910	1910	
24	20151110	133	株式会社古旗商事	総務部		四菱鉛筆	X-XXX-XXX	ネーム 既製品 HN-10･K 村田様	1	841	841	
25	20151111	134	株式会社古旗商事	総務部		ｼﾞﾌﾞﾗ	X-XXX-XXX	ﾎﾞｰﾙﾍﾟﾝ替芯 XXX 赤 10本	3	348	1044	
26	20151111	135	株式会社古旗商事	総務部		ｾｲｾｲ	X-XXX-XXX	ﾎﾞｯｸｽ XXXX A4S 白	5	522	2610	
27	20151112	136	株式会社古旗商事	総務部		はんこ2	X-XXX-XXX	ゴム印 青	18	115	2070	
28	20151112	137	株式会社古旗商事	総務部		はんこ2	X-XXX-XXX	ゴム印 青	1	90	90	
29	20151112	138	株式会社古旗商事	総務部		はんこ2	X-XXX-XXX	ゴム印 青	1	170	170	
30	20151112	139	株式会社古旗商事	総務部		はんこ2	X-XXX-XXX	データ印	1	2435	2435	
31	20151112	140	株式会社古旗商事	総務部		はんこ2	X-XXX-XXX	ゴム印 下424	1	90	90	

日付や金額，内容，注文部署に至るまで，
必要な情報はすべて記載されていた

なんだか小噺のようですが，考えてみれば今の時代，印刷物には必ず元となるデータがどこかに存在するものです。

取引先の社内データは，必ずしも常に入手できるとは限らないのですが，入手すれば劇的に高速化が図れるのであれば，試しに一度交渉してみてはいかがでしょうか。案外簡単に入手できるかもしれません。

Section 6　受け取った“生データ”は保存しておく

最後に留意点として，入手した元データは“ナマ”の状態，すなわち入手したときのそのままの状態で保存しておきましょう。この際，更新日時も変更しないように注意しましょう。

生データを保存しておく理由は以下のふたつです。

（1）理由1：監査に備える

ひとつは，会計監査や税務調査で求められることがあるからです。

特に監査法人は，会社の作業の妥当性を確かめるために，会社とまったく同じ作業をしたり，自分ならこうするという手順で作業を行ってみたりしています。そのために，会社の作業の出発点である生データは非常に重要性が高いのです。

したがって監査法人は，会社側がすぐに生データを出してこなかったり，何か変更された形跡のあるデータを出してきたりした場合，会社は何か隠しているのではないだろうかという疑いを抱き，追加で資料を請求したり，質問をしてきます。これは本気で経理部員を疑っていなくても，疑いをかけて調査しなければいけないルールになっているのです。

したがって，何の意図もなく元データを削除してしまったり，変更した形跡を残してしまうと，お互いにとって無駄な作業が発生してしまうのです。

（2）理由2：忘れたときに備える

生データを保存するもうひとつの理由は，後でどんなデータを使用したかわからなくなるリスクを避けるためです。

何らかのシステムから出力されたデータのファイル名は，アルファベットと数字の番号の羅列で出力されていることが多く，前月どんなデータを使用したかわからなくなってしまうことが多いものです。こんな場合に前月の作業を思い返せるよう，作業履歴は極力具体的に保存しておくことが望ましいのです。

ただし，データのバージョン管理のため，ファイル名に入手日付を追加するのは有効な手段です。その場合でも，元のファイル名を上書きするのではなく，情報を追加するに留めましょう。

Strategy 4 のまとめ

- 手作業は非効率かつ不正確であるため，なるべくコピー&ペーストやデータインポートで対応しよう。
- セルの参照や関数を使うことで，手作業をコピペに置き換えることができる。特にSUMIF関数が便利。
- システムから出力されたデータを使う際には，1シート丸ごと単純貼付け専用シートを用意し，SUMIFで必要なデータが他のシートに参照されるようにするとよい。
- SUMIFは数値しか取り扱えないため，文字列を引用する場合はVLOOKUPを使用する。
- 証憑はなるべくデータで入手していく。印刷物にはどこかにデータがあり，頼めば出てくることも多い。
- 入手したデータはナマの状態で保存しておくこと。

Strategy 5

Excelシートを作りこむ

Section 1　Excelは経理に不可欠の万能ツール

Excelは会計システムと同じぐらい経理にとって重要なITツールです。その魅力は，ほとんどすべてのPCにインストールされており，直感的に操作することができ，そして何より自由度が群を抜いて高いこと。記帳以外のすべての作業をExcelで行っている会社も多いと思いますし，実際に多くの作業はExcelでカバーできてしまいます。

このStrategy 5では，そんな万能ツールであるExcelを，より一層効果的に活用するポイントを解説しましょう。

同じExcelの作業シートでも，よくできたシートとそうでないシートの違いは歴然で，どんなシートを作成するかも経理の腕の差として出るものです。

経理の現場でExcelを活用する際には，「入力しやすく」「わかりやすく」「ミスしにくく」の3点を常に念頭に置いておくことが大切です（【図表5－1】）。

【図表5－1】

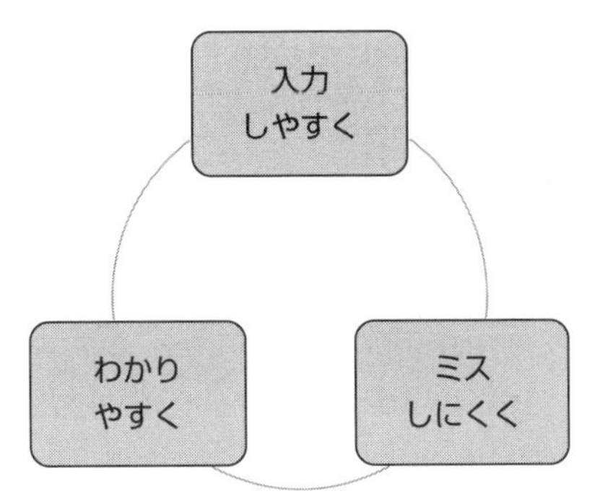

Section 2　繰り返す作業はExcelシートを作る

Excelをまったく使わない経理パーソンはほとんどいないと思いますが，その活用頻度には，会社や担当者ごとに差があるように思います。

実際，「Excelで計算するより電卓で計算したほうが早い」という状況はあります。Excelを使うと表の形式を整えたりしなければならないため，煩わしい場合もあるでしょう。

しかし，そのような場合でも，実際にExcelシートを作ったほうがいいケースがほとんどです。Excelを作っておくと計算過程が残りますし，ミスも少なく済みます。何より2回目以降に同じシートを再利用できるのが利点なのです。

決算短信や有価証券報告書の記載についても，必ず記載内容のベースとなるExcelシートを作りましょう。よく経営指標を電卓で済ませてしまう人がいますが，財務諸表が修正されるたびに電卓を打ち直しているとミスの元ですし，チェックにも時間がかかります。

どんなに面倒くさくても，**今後もう1度以上同じ作業を繰り返す可能性があるのであれば，Excelシートは積極的に作っていきましょう**。積み重ねで見れば，必ず作業は速くなっているはずです（**【図表5－2】**）。

【図表5－2】

Excel作業シートを使わない場合の所要時間イメージ

Excel作業シートを使用した場合の所要時間イメージ

Section 3　Excel作成の基本はトライ&エラー

（1）一度で完璧なものはできない

では，どんなExcelシートを作ればいいかについて，このStrategy 5でテクニックを説明します。ただし，その前に覚えておいていただきたいことがあります。それは，「**1回で完璧なものはできない**」ということです。

1度作ったExcelシートを，経典か何かのように大事に使いつづける人がいますが，実際には使いづらい点や取引の変化などで，改善する余地はたくさん出てくるはずです。完璧なものはどんなプロでも作れないのです。

（2）少しずつブラッシュアップしてこう

そのため，1度で完璧なものを作ろうとするのではなく，何度も使いながら完成度を高めていくようにしてください。使っているときも，これが当たり前だという固定観念に陥らないようにして，「どうすればもっと便利になるだろう」「どうすればもっと早くできるだろう」と考えながら使うようにしていきましょう。そして気が付いた点はどんどんカイゼンしていくのです。

したがって，**あえてExcelシート開発に時間をかけるのではなく，事前準備も含めた日ごろの経理作業の中で少しずつ作っていくことが大切です**。決算の場合は，決算月の月次作業前に簡単に作っておき，実際の決算で反省点をメモしておいて，決算直後に反映させるといいでしょう。そのような地道な作業が，1年後には必ず結実します。

（3）Excelならではの手軽さを活用しよう

何らかのITシステムを導入する際は，システムに合わせて業務フローを変更することもありますが，Excelは自由度が高いので，導入時については業務フローにExcelシートを合わせるようにしましょう。

Excelを使い込んでいくうちに新しい自動化のアイデアが湧き，業務フローの変更を思いつくこともありますので，その場合には業務フローのカイゼンにも着手していきましょう。

Section 4　次回迷わないExcelシートを開発する

(1) Excel作業は頻繁で複雑

経理の現場では，会計システムに記帳する前にデータを加工し，何らかの計算を加えた数字を算出する作業が多くあります。

たとえば，税抜金額を税込に変換するとか，注文履歴を反映させて経費を責任部署に振り分けるといった作業であり，あるいは，グループ会社の連結決算をExcelで組んでいる会社もあるかと思います（10社程度までの連結であれば，連結会計システムよりExcelのほうが使い勝手がいい場合が多いものです）。

(2) 仕事が多すぎてわからなくなることも…

ところで，前回と同じ加工作業をExcel上で再現しようとしても，どのように数字を計算していったかわからなくなってしまった経験は誰にもあるでしょう。特に担当者変更による業務の引継ぎにおいては，一生懸命詳細なメモをとってもわからなくなることは多く，数カ月間は一緒に作業してもらうといったことにもなりがちなのではないでしょうか。

またExcelを使って連結決算や，さらには連結キャッシュ・フロー計算書の作成をしているなかで，前回なぜここにこの数字を入力したのかさっぱりわからなくなってしまい，結局監査法人の指摘待ちといった会社も多いのではないでしょうか。

経理は細かい作業の量が多いため，ひとつひとつの作業を忘れてしまうのも無理はありません。しかし，また1から作業を組み立てたり，時間をかけて思い出すというのでは，経理高速化は遠い道のりです。

（3）はじめから同じ作業を繰り返すつもりで作りこむ

そこで，「**はじめから，後で（ほとんど忘れた状態で）同じ作業を繰り返すことを想定して加工していく**」ことが重要になります。

月次決算作業でExcelシートを作っているのであれば，「来月このシートをコピーして同じ作業を行うとき，どんなメモや履歴を残しておけば，スムーズに再現できるだろうか」を考えながらExcelを作っていきましょう。また次の月に作業を実際に再現してみたときには，「もっと作業工程をわかりやすくするにはどうすればいいだろうか」を考え，毎月毎月少しずつ作業シートをカイゼンしていきましょう。目指すべきわかりやすさの目安として，**「自分以外の誰かが見たときに，迷わず作業ができるだろうか」と考えながら作りこんでいく**といいでしょう。

このように意識しておくことで，「次は何をすればいいんだっけ」と考える時間がカットされ，あなたの作業スピードは加速度的に上がっていくのです。

Section 5　作業をわかりやすくするシート構成テクニック

では，どのように作業シートを作りこんでいけばいいでしょうか。いくつか方法があるのですが，まずはシート構成を工夫する方法から紹介しましょう。

（1）セルの種類ごとに目印を設定する

Excelでの作業においては，データの貼付けや数字の手入力といった作業が発生します。一方で，数式によって自動計算するセルもあり，このようなセルは計算式を壊してはいけないため，手を触れないことが大切です。

どのセルが手を加えるべきもので，どのセルが手を加えていけないセルかについては，間違えると誤った結果になるため慎重に判断しなければいけません。一方で，毎回セルの内容を確認するのは無駄な時間がかかります。

そこで，**どのセルが手を加えるべきもので，どのセルが手を加えてはいけないものか一目で分かるようにしておきましょう。**私の場合は，**【図表５－３】**のように，セルの色や枠線を工夫し，どのセルをどう注目すべきかのルールを設けています。

【図表５－３】

色なし（セル）	計算式が入っており，手を触れてはいけないセル
薄い黄色（セル）	毎回手入力すべきセル
薄い緑色（セル）	毎回手入力しないが，期首に数値変更するセル
濃い黄色（セル）	イレギュラーな変更をしており，次回要注意
赤（枠線）	枠内全体をコピーする領域
緑（枠線）	他シートからコピーしてきたデータを貼り付ける領域

（２）使用するシートを迷わないよう工夫する

数式での自動化を進めていくと，複数のシート間で数字や文字列を参照させて（リンクさせて）計算していくことがあります。

シート間でデータをリンクさせること自体は非常に有用な方法で，特に元データからの貼付け専用シートを作っておくと作業スピード向上に貢献します。

しかしその一方で，作りこむほどシート構造が複雑になりがちであり，すなわち何をやっているのかもわからなくなりやすいので，いくつか工夫しておくべきことがあります。

①　シートの名前をわかりやすく

まず，シートにはきちんと名前を付けておきましょう。「Sheet 1」では何をするためのシートかわからないため，シートの役割をはっきり明示しておくことが重要です。

1つのシートにはいくつも内容を詰め込むことはせず，**1シート1テーマの機能を持たせましょう**。たとえば，「元データを貼り付けるシート」，「計算するシート」，「計算結果である仕訳案を表示するシート」，「チェック用数値を表示するシート」といったように，「何をするためのシートなのか」を明確にし，それに見合ったシート名を付けておくことが大切です。

②　情報の流れをわかりやすく

次に，情報の流れはなるべく一方通行にしましょう。

複数間のシートで参照し合い，情報が行ったり来たりするのではなく，多少シート数が多くなっても計算の順番がわかるシート構成にすべきです。

Excelの下部にシート名が一列に並びますので，順番は右から左，または左から右，いずれかの方向でシートが順序通り並んでいるようにしておきましょう（**【図表5－4】**）。

③　シートタブに色を付ける

最後に，シートのタブにも色を付けておきましょう。

たとえば最終的に仕訳入力で使う「結論のシート」は黄色，マスターリストのように原則手を触れてはいけないシートは黒といった具体に色分けしておくと，作業がぐっとイメージしやすくなってくるのです（**【図表5－4】**）。

【図表５－４】

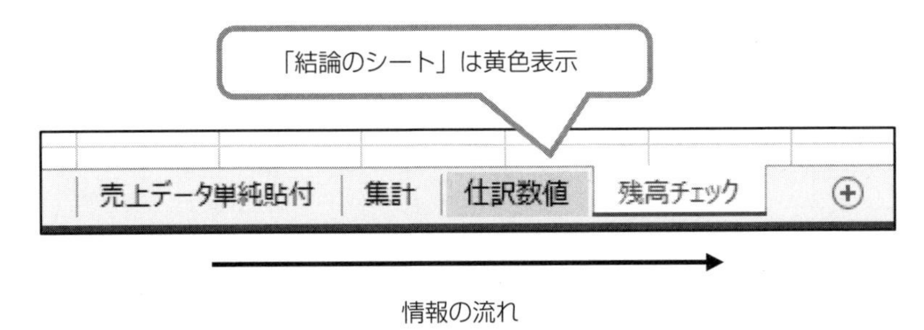

（３）印刷上で「何をしているか」が掴めるようにする

作業シートを作りこむ際は，見た目のわかりやすさを重視しましょう。

Excelの豊富な自動計算機能を覚えてしまうと，つい複雑な関数体系を組みたくなるものではありますが，**内容の理解に時間のかかる数式づくりは避けるべきです。**

たとえば，表から一部の行の集計をピックアップする場合，Strategy ４で紹介したSUMIF（サムイフ）関数を使うと簡単なのですが，それだけでは何の計算をしているのかわかりづらくなってしまいます。

【図表5－5】わかりづらい表

	A	B	C	D
1	売上実績表貼付			
2				
3	日付	得意先	税抜金額	
4	6月1日	東京商会	5,140	
5	6月2日	大阪食品	2,430	
6	6月2日	東京商会	4,810	
7	6月4日	名古屋工業	2,460	
8	6月4日	信州物産	5,380	
9	6月5日	東京商会	2,840	
10	6月6日	信州物産	6,870	
11	6月7日	東京商会	2,430	
12				
13				
14				
15				
16		計算結果→	16,438	
17				
18				

=SUMIF(B4:B14,"東京商会",C4:C14)*1.08

上の【図表5－5】のC16セル「計算結果」は，東京商会に対する税抜売上金額を集計し，さらに消費税８％を加えたものです。すっきりとはしているのですが，数式を読み解かなければどんな計算をしているのかさっぱりわかりません。これでは計算内容を思い出すのに無駄な時間がかかってしまいます。

そこで，表の構造を少しシンプルにし，IF関数を使って【図表5－6】のような計算構造にしたほうがわかりやすいでしょう。

【図表5－6】わかりやすくした表

=IF(B4="東京商会",C4,0)

	A	B	C	D	E
1	売上実績表貼付				
2					
3	日付	得意先	税抜金額		東京商会抽出
4	6月1日	東京商会	5,140		5,140
5	6月2日	大阪食品	2,430		0
6	6月2日	東京商会	4,810		4,810
7	6月4日	名古屋工業	2,460		0
8	6月4日	信州物産	5,380		0
9	6月5日	東京商会	2,840		2,840
10	6月6日	信州物産	6,870		0
11	6月7日	東京商会	2,430		2,430
12					0
13					0
14					0
15					15,220
16					
17					×1.08
18					16,438
19					

合計は原則
この位置

※　実際にはROUND関数で端数処理も加えるとよい

こうすればどんな計算をしているのかが直感的にわかり，作業全体の流れも思い出しやすくなるでしょう。SUMIFを使った方法よりも原始的に見えますが，そのシンプルさがわかりやすさを生むのです。

このとき心がけていただきたいことは，**紙で印刷したときに，どんな計算をしているかわかるようにしておく**ということです。紙ベースでわかりやすければ，上司や監査法人にも説明しやすくなって一石二鳥でもあります。

ただし，スペースの都合などで上記ほどわかりやすい表示ができないこともあります。そんな場合は，どんな計算をしているのかメモを残したり，矢印で図解したりといった方法がありますので，工夫してみてください（**【図表5－7】**）。

【図表5－7】レイアウトを工夫した表

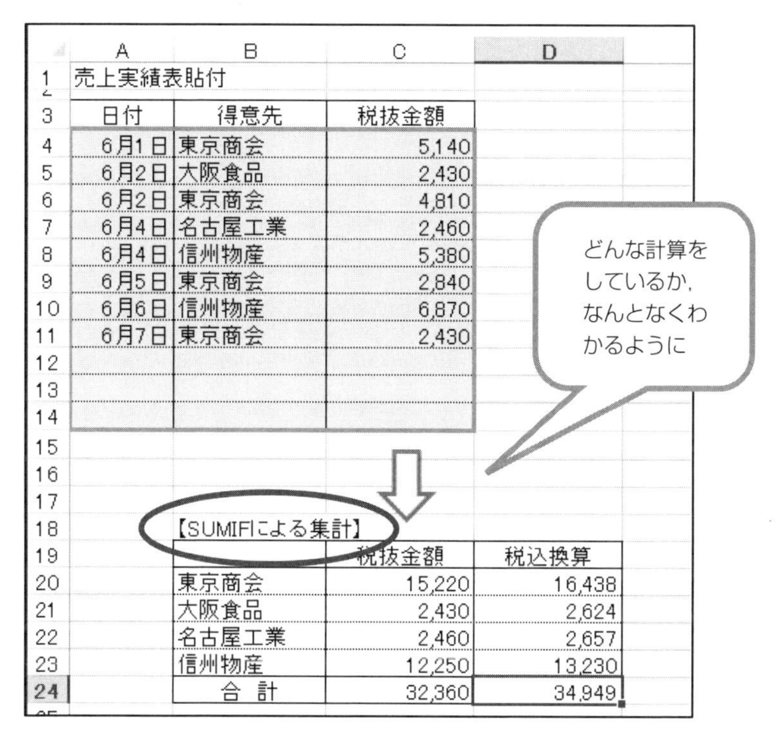

売上実績表貼付

日付	得意先	税抜金額
6月1日	東京商会	5,140
6月2日	大阪食品	2,430
6月2日	東京商会	4,810
6月4日	名古屋工業	2,460
6月4日	信州物産	5,380
6月5日	東京商会	2,840
6月6日	信州物産	6,870
6月7日	東京商会	2,430

【SUMIFによる集計】

	税抜金額	税込換算
東京商会	15,220	16,438
大阪食品	2,430	2,624
名古屋工業	2,460	2,657
信州物産	12,250	13,230
合　計	32,360	34,949

（4）作業シート上にインストラクションを記載する

マニュアルより直接書き込んだほうがわかりすい

不慣れな作業をスムーズに作業を進める方法として，マニュアルの作成を連想する人も多いでしょう。もちろん，作業シートを作りこんでいくうえで，対応するマニュアルを作るのもいい手なのですが，その前にもっと簡単でわかりやすい方法を紹介しましょう。

それは，**作業シートそのものの上にインストラクション（作業指示）を直接記入**してしまうことです。

シートの空白にベタで文章を入力してもいいし，吹き出しを挿入してもいいでしょう。手もとのマニュアルと画面を交互に見ながら作業するより，画面上の指示に沿って作業したほうがスムーズに作業ができるという利点があります（**【図表５－８】**）。

【図表５－８】法人税等の仕訳を計算するシート

法人税仕訳の算定シート

【Instruction】
税理士から「納税一覧」を入手し、
「年税額」と「予定納税」の欄に数値を埋め、
合計が合っているかを確認すること！
※源泉所得税と県民税利子割は入力しない

		年税額	予定納税	確定納付額	取扱い
法人税		5,000,000	2,250,000	2,750,000	法人税
地方法人税		220,000	99,000	121,000	法人税
道府県民税合計		200,000	90,000	110,000	住民税
事業税	所得割	350,000	157,500	192,500	事業・所
	付加価値割	100,000	45,000	55,000	外形標準
	資本割	50,000	22,500	27,500	外形標準
地方法人特別税		157,500	70,875	86,625	事業・所
市町村民税合計		500,000	225,000	275,000	住民税
		6,577,500	2,959,875	3,617,625	

ここの値が「納税一覧」の「小計」と一致すればOK

【仕訳例】 ※補助科目に注意！

借方勘定	借方補助	金額	貸方勘定	貸方補助	金額
法人税等	法人税	5,220,000	仮払法人税等	法人税	2,349,000
			未払法人税等	法人税	2,871,000
法人税等	住民税	700,000	仮払法人税等	住民税	315,000
			未払法人税等	住民税	385,000
法人税等	事業・所	507,500	仮払法人税等	事業・所	228,375
			未払法人税等	事業・所	279,125
租税公課	外形標準	150,000	仮払法人税等	外形標準	67,500
			未払法人税等	外形標準	82,500
		6,577,500			6,577,500

【未払法人税等の残高チェック】

補助科目	残高
法人税	2,871,000
住民税	385,000
事業・所	279,125
外形標準	82,500
	3,617,625

上記仕訳を入力後、
仮払法人税等が全補助科目で残高ゼロ、
かつ、未払法人税等が左表の通りであればOK

ここまで作りこんでおけば，翌年迷う心配はない

（５）作業履歴を「魚拓」する

ひとつの作業ごとにひとつのシートをつくる

データの加工においては，行や列を追加・削除したり，入れ替えたりといった「大規模工事」が欠かせないことがあります。

そういった作業においては，シート構造が大きく変化してしまうため，セル

に位置が紐づけられる数式やシート上のインストラクションはうまく活用できません。

そこで，一個一個の手作業を順序良くこなすためには，作業履歴を「魚拓」として残しておくことが有効です。つまり，Excelの複数シートを扱えるという特徴を利用し，作業をひとつするごとに，新しいシートに移動するのです。

以下では例として，顧客名簿から住所をピックアップするテクニックを取り上げましょう。住所は文字列なのでSUMIFは使えないため，VLOOKUP（ブイルックアップ）を使うことになりますが，VLOOKUPは検索条件列が抽出対象列より左にあり，かつ，昇順に並んでいる必要があるため，**【図表5－9】**のような顧客名簿の場合は，データの操作が必要になります（なお，INDEX関数とMATCH関数を組み合わせる方法もありますが，少々上級者向けなので本書では取り上げません）。

【図表5－9】前提となる元データ

	A	B	C	D
1	氏名	住所	顧客番号	
2	大久保利通	鹿児島県鹿児島市	1462	
3	伊藤博文	山口県光市	4835	
4	大村益次郎	山口県山口市	4510	
5	佐久間象山	長野県長野市	1834	
6	吉田松陰	山口県萩市	5276	
7				

顧客番号が住所の列より右にあるうえ，順番もバラバラで
あるため，そのままではVLOOKUPを使えない

【図表5－10】魚拓しながらデータ操作していく例

① 元データの値貼付けシート

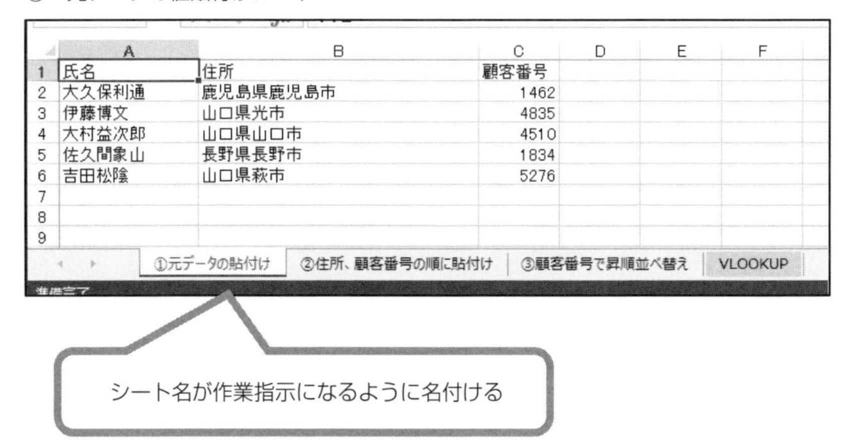

	A	B	C	D	E	F
1	氏名	住所	顧客番号			
2	大久保利通	鹿児島県鹿児島市	1462			
3	伊藤博文	山口県光市	4835			
4	大村益次郎	山口県山口市	4510			
5	佐久間象山	長野県長野市	1834			
6	吉田松陰	山口県萩市	5276			
7						
8						
9						

② 住所と顧客番号を入れ替えて貼り付けるシート

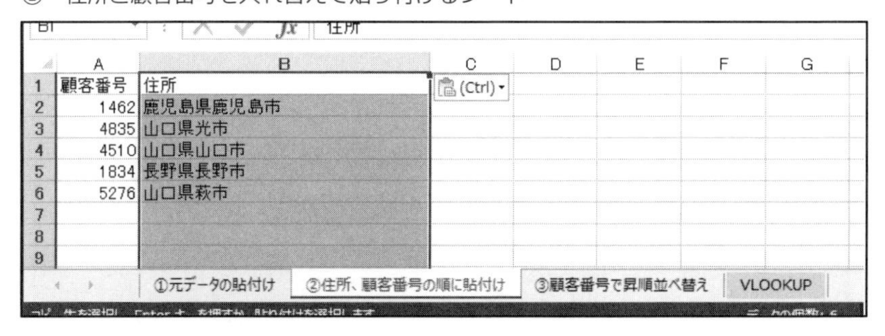

	A	B	C	D	E	F	G
1	顧客番号	住所					
2	1462	鹿児島県鹿児島市					
3	4835	山口県光市					
4	4510	山口県山口市					
5	1834	長野県長野市					
6	5276	山口県萩市					
7							
8							
9							

③ 顧客番号で昇順並べ替えするシート

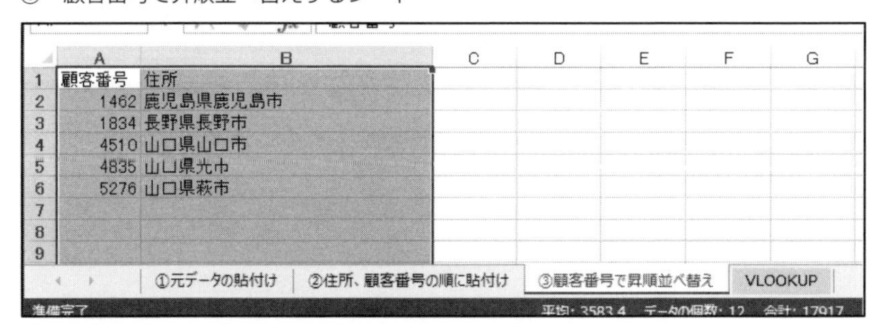

	A	B	C	D	E	F	G
1	顧客番号	住所					
2	1462	鹿児島県鹿児島市					
3	1834	長野県長野市					
4	4510	山口県山口市					
5	4835	山口県光市					
6	5276	山口県萩市					
7							
8							
9							

前頁**【図表5－10】**の例では，一番左のシート①に元データをベタッと貼り付け，そのまま手を加えず保存しておきます。

次にシート②に，顧客番号，住所の順番になるように，それぞれの列をシート①からコピーして貼り付けます。

最後にシート③に，シート②で作ったデータをそのまま貼り付けてから，「顧客番号で昇順並べ替え」を実施します。

このように，1つの手作業を終えるごとに次のシートに移動することによって，どんな順序でどんな作業をしてきたかが容易にイメージしやすくなるのです。

（6）マニュアルづくりのポイント

マニュアルはセカンドチョイスの手段

シート上でのインストラクションや作業履歴の魚拓といった手法は比較的簡単に作業手順を記録する方法なのですが，それだけではうまく手順をまとめられない場合，別途文章に落とした作業マニュアルを作成することになります。

とはいえ**作業マニュアルの作成は手間のかかる作業ですので，上記の方法がうまくいかないときに併用する手段と考えましょう。**

マニュアルは作業用ブックの最初のシートに組み込むか（**【図表5－11】**），わかりやすいフォルダに保存しておきましょう。

【図表5－11】

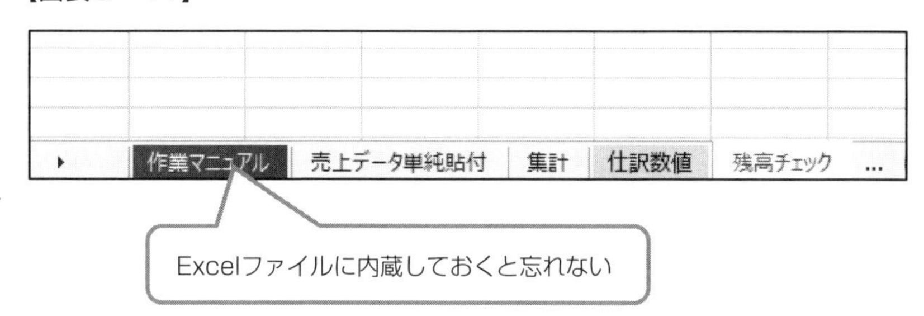

改定を前提としたマニュアルを作る

マニュアルを作成するうえで思い出したいのが，作業用シートは完璧ではないということです。つまり，シートの使用者がより効率的な方法を思いつくたび，大きく変更される可能性を持っています。したがって，**あらかじめ変更されることを見越したマニュアルづくりが必要**なのです。

ポイントのひとつは，改訂しやすい作り方をしておくことでしょう。気合を入れて画面キャプチャを多用しすぎると，あとですべてが改訂になった際に非常に哀しい気持ちになります。新しいことを始めたときはいろいろ試したくなるものですが，ずっと後になって再度時間をかける情熱は恐らくないでしょう。

それよりもシート上の要所だけをマニュアルと結びつけることをおすすめします。たとえば入力箇所についてマニュアルで記載する場合，「A」「B」「C」などの記号や名称をシート上に付しておき，マニュアルでは「AにCの数値を入力する」といった説明を加えておきます。こうすることによって，Aの場所が変わっても画面キャプチャの差し替えのような作業は発生しなくなるのです。

Section 6　使用する関数は限定する

(1) 高度な関数はブラックボックス化の素

Excelはとっつきやすさと同時に非常に深い可能性を持ったツールであり，極めようとすると際限なく極めることができます。

そのため，つい新しい関数をたくさん使って高度なシートを作りたくなってしまうものなのですが，難しいことをすればするほど，何をしているのか自分以外にはわからなくなってしまうし，自分ですら直感的に思い出すことができず，シートを改訂する際に苦労することになりがちです。

そこで，**使用する関数は基本的なものに限定して使うことを心がけましょう。**

（2）経理8大関数

SUM（サム）は基本中の基本。IF（イフ）は，機械に何か判別させる際によく使う関数です。

数字を四捨五入する関数として，ROUND（ラウンド）も覚えておきましょう。また切り捨ての関数としてROUNDDOWN（ラウンドダウン）という関数もあります。

Strategy 4で紹介したSUMIF（サムイフ）とVLOOKUP（ブイルックアップ）は，表から条件に合うものをピックアップするときに非常によく使います。特にSUMIFは経理高速化の切り札となるでしょう。

数を数える関数でCOUNT（カウント）とCOUNTIF（カウントイフ）というものもあり，こちらもよく使うので覚えておきましょう。データ数を数えて集計漏れをチェックするのに便利です。

実は，上記8個の関数を覚えておけば，大概の作業は自動化できてしまいます。さらに言えば，このように基本的な関数ならば，誰が見ても数式の意味が理解でき，引継ぎや監査が非常に簡単になります。

紙幅の都合上，各関数の説明はExcelの関数作成機能やインターネットにお譲りしますが，いずれも使いこなすのは簡単ながら奥の深い関数ですので，ぜひ積極的に活用してみてください。

【図表5－12】

関数名	機能	経理でよく使う場面
SUM	指定されたセルの数値を合計する	集計
IF	設定した条件が正しいか誤りかを判断させる	判断の自動化
ROUND	数値を指定した桁数で四捨五入する	端数処理
ROUNDDOWN	数値を指定した桁数で切捨てする	端数処理
SUMIF	指定したセルの列から、設定した条件の行の数値だけを抜き出して合計する	数字の引用 条件付きの集計
VLOOKUP	表中から設定した条件の行の文字列を引用する	摘要の自動作成
COUNT	指定したセル範囲から、空白でないセルの数を数える	ポカヨケの設置
COUNTIF	指定したセル範囲から、設定した条件を満たすセルの数を数える	ポカヨケの設置

Section 7　ファイルをまたぐセル参照は控えよう

Excelのセル参照（リンク）は，同一シート上のセルのみならず，別のシートや，別のExcelファイル上のセルに対しても張ることができます。

別のExcelファイル上のセルに対してリンクを張ると，その数式は【図表5－13】のように表示されます。

【図表5－13】

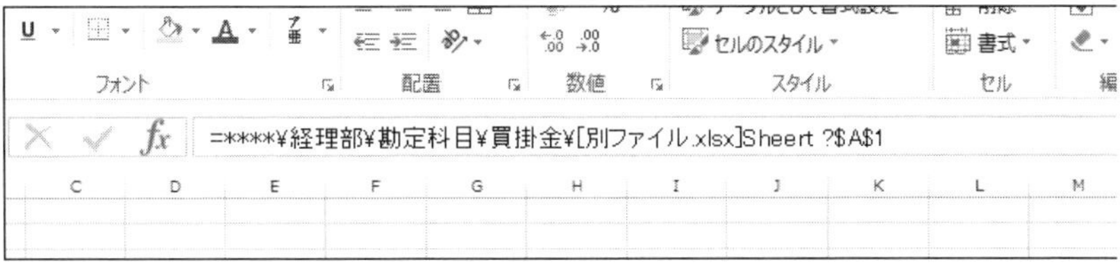

このような，**Excelファイルをまたぐリンクの使い方は，可能な限り避けるべきでしょう。**まず，ご覧のとおり数式が長くなってしまうため，どんな数式なのか理解するのが非常に大変になってしまいます。

それ以上に問題なのが，リンク先のファイルが移動したり，名前が変わったときに，リンクが壊れてしまうことです。この場合，エラー値が大量に表示され，容易に修正できなくなってしまいます。

したがって，多少面倒くさくても，**リンク先のシートは必ず同じファイル内のシートに貼り付けてから，参照するようにしましょう。**

この際，ただ単に貼り付けると，元のファイルの別シートを参照していることもあるため，気付くと別ファイルとリンクしていた，ということも起こってしまいます。**必ず「値貼付け」で貼付ける習慣を付けましょう。**

なお，「データ」タブにある「リンクの編集」から，外部のExcelファイルに対するリンクを探すことができます（**【図表5－14】**）。誤ってリンクが張られてしまった場合には，この機能でセルを探しましょう。

【図表５－14】

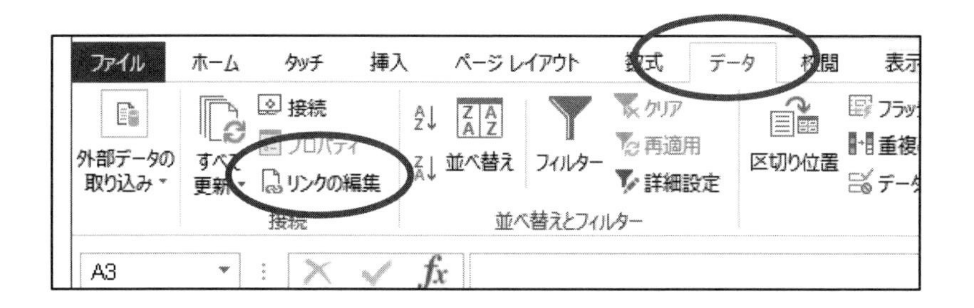

Section 8 「非表示」よりも「グループ化」が便利

数式が入っているなどの理由で削除はできないものの，作業の邪魔なので表示されないようにしたい行や列に対して，これを隠す機能が２つあります。「非表示」と「グループ化」です

行や列を隠すという点では同じような機能ですが，**私はこのうち，必ず「グループ化」を使うことにしています。**

その一番の理由は，「グループ化」の場合は，行や列を隠していることがすぐにわかるからです。**【図表５－15】**のように，「非表示」では隠した列番号が表示されなくなるだけなのですが，「グループ化」では上部に折りたたんでいることを示すマークが表示されます。

簡単な違いではありますが，行や列を隠していることがすぐにわかるというのは，非常に重要な差になってきます。

【図表5－15】非表示とグループ化の比較

D，E，F列を「非表示」

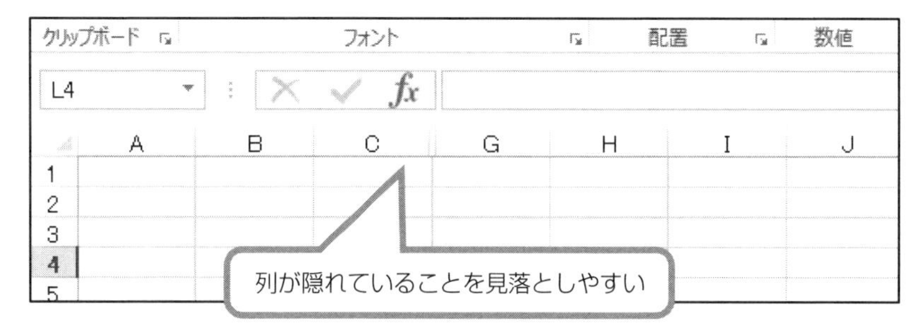

D，E，F列を「グループ化」

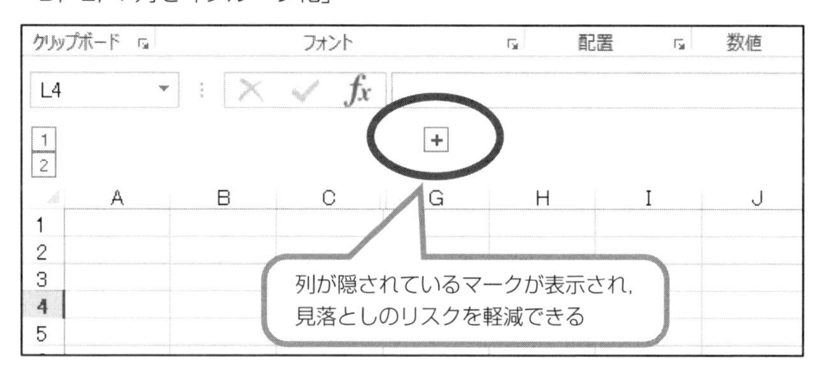

隠れていることに気づかないと，シートがどのように作られているかを理解するのに無駄な時間を費やすことになったり，さらには大きなミスを招きかねません。**作業シートはどこまでも「わかりやすく」「ミスしにくく」作ることが王道なのです。**

他にも，「グループ化」なら多層構造の折りたたみが可能であり，加えて再表示と非表示を簡単に切り替えられるため，作業中だけ中間の列を表示したくない際にも使いやすい，というメリットもあります（**【図表5－16】**）。

【図表5－16】グループ化の使用／不使用比較

グループ化を使用しない場合

M31

	A	B	C	D	E	F	G	H	I	J	K	L	
1	売上伝票日付	売上伝	得意先名称1	得意先名称	得意先	メーカー名	商品番号	商品名	売上	単	販売単価	売上金額	明細
2	20151102	111	株式会社古旗商事	営業部一課		ｼｮｲﾝﾃｯｸｽ	X-XXX-XXX	☆丸ｲｽ CXXX ﾌﾞﾗｯｸ 布張り	1	台	5040	5040	
3	20151102	112	株式会社古旗商事	営業部一課			X-XXX-XXX	送料	1	ｼｷ	1000	1000	
4	20151102	113	株式会社古旗商事	営業部一課		ｼｬﾁﾊﾀﾞ	X-XXX-XXX	氏名印 5x29 別製 伊藤一刀斎様	1	個	290	290	
5	20151102	114	株式会社古旗商事	営業部一課		ｻﾝﾋﾞｰ	X-XXX-XXX	ｸｲｯｸｽﾀﾝﾊﾟｰ	1	個	1566	1566	
6	20151103	115	株式会社古旗商事	総務部		ｷﾝｸﾞｼﾑ	X-XXX-XXX	GﾎﾞｯｸｽPP XXX A4S 赤	80	冊	200	16000	
7	20151103	116	株式会社古旗商事	総務部		四菱鉛筆	X-XXX-XXX	ネーム 既製品 XXX･K 栗原様	1	個	841	841	
8	20151103	117	株式会社古旗商事	総務部		ｻﾝﾋﾞｰ	X-XXX-XXX	ｸｲｯｸｽﾀﾝﾊﾟｰ 黒	1	個	2900	2900	
9	20151103	118	株式会社古旗商事	総務部		ｻﾝﾋﾞｰ	X-XXX-XXX	ｸｲｯｸｽﾀﾝﾊﾟｰ	1	個	1566	1566	
10	20151103	119	株式会社古旗商事	総務部		ｻﾝﾋﾞｰ	X-XXX-XXX	ｸｲｯｸｽﾀﾝﾊﾟｰ 黒	1	個	2900	2900	
11	20151103	120	株式会社古旗商事	総務部		ｻﾝﾋﾞｰ	X-XXX-XXX	ｸｲｯｸｽﾀﾝﾊﾟｰ	1	個	1566	1566	
12	20151104	121	株式会社古旗商事	総務部		はんこ2	X-XXX-XXX	ゴム印 東京駅前店	1	個	1560	1560	
13	20151105	122	株式会社古旗商事	総務部		ｵｶﾊﾞﾔｼ	X-XXX-XXX	画用紙ﾌﾚｰﾑ 8ﾂ切 ﾗｲﾄ	6	枚	800	4800	
14	20151105	123	株式会社古旗商事	総務部		ｼｬﾁﾊﾀﾞ	X-XXX-XXX	ﾃﾞｰﾀｰﾈｰﾑ ｸﾞﾘｯﾌﾟ式 別製 梅本様	1	ｺ	913	913	
15	20151105	124	株式会社古旗商事	総務部		ｼｬﾁﾊﾀﾞ	X-XXX-XXX	ﾃﾞｰﾀｰﾈｰﾑ ｸﾞﾘｯﾌﾟ式 別製 中沢様	1	ｺ	913	913	
16	20151105	125	株式会社古旗商事	総務部		ｼｬﾁﾊﾀﾞ	X-XXX-XXX	ﾃﾞｰﾀｰﾈｰﾑ ｸﾞﾘｯﾌﾟ式 13号 別製 藤	1	ｺ	2268	2268	
17	20151105	126	株式会社古旗商事	総務部		ｼｬﾁﾊﾀﾞ	X-XXX-XXX	氏名印 5x29 別製	1	個	290	290	
18	20151105	127	株式会社古旗商事	総務部		ｼｬﾁﾊﾀﾞ	X-XXX-XXX	氏名印 5x29 別製	1	個	290	290	
19	20151105	128	株式会社古旗商事	営業部一課		四菱鉛筆	X-XXX-XXX	XXX 銀	20	個	464	9280	
20	20151106	129	株式会社古旗商事	総務部		ﾘﾋｬﾙﾄ	X-XXX-XXX	ﾒｯｼｭｹｰｽ XXX B4 ｵﾌﾎﾜｲﾄ	20	枚	568	11360	
21	20151109	130	株式会社古旗商事	総務部		ｻﾝﾋﾞｰ	X-XXX-XXX	ｸｲｯｸｽﾀﾝﾊﾟｰ	1	個	2900	2900	
22	20151109	131	株式会社古旗商事	総務部		ｻﾝﾋﾞｰ	X-XXX-XXX	ｸｲｯｸｽﾀﾝﾊﾟｰ	1	個	1566	1566	
23	20151109	132	株式会社古旗商事	総務部		はんこ2	X-XXX-XXX	ゴム印 〒XXX-XXX ××市～	1	個	1910	1910	
24	20151110	133	株式会社古旗商事	総務部		四菱鉛筆	X-XXX-XXX	ネーム 既製品 HN-10･K 村田様	1	個	841	841	
25	20151111	134	株式会社古旗商事	総務部		ｼﾞﾌﾞﾗ	X-XXX-XXX	ﾎﾞｰﾙﾍﾟﾝ替芯 XXX 赤 10本	3	箱	348	1044	
26	20151111	135	株式会社古旗商事	総務部		ｾｲｾｲ	X-XXX-XXX	ﾎﾞｯｸｽ XXXX A4S 白	5	ｺ	522	2610	
27	20151112	136	株式会社古旗商事	総務部		はんこ2	X-XXX-XXX	ゴム印 青	18	個	115	2070	

使用するのはA，D，L列のみだが，画面上の
距離が離れており，作業しづらい

グループ化を使用した場合

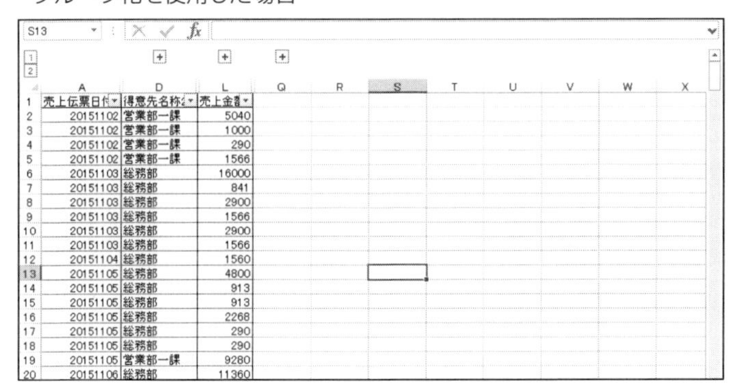

S13

	A	D	L	Q	R	S	T	U	V	W	X
1	売上伝票日付	得意先名称	売上金額								
2	20151102	営業部一課	5040								
3	20151102	営業部一課	1000								
4	20151102	営業部一課	290								
5	20151102	営業部一課	1566								
6	20151103	総務部	16000								
7	20151103	総務部	841								
8	20151103	総務部	2900								
9	20151103	総務部	1566								
10	20151103	総務部	2900								
11	20151103	総務部	1566								
12	20151104	総務部	1560								
13	20151105	総務部	4800								
14	20151105	総務部	913								
15	20151105	総務部	913								
16	20151105	総務部	2268								
17	20151105	総務部	290								
18	20151105	総務部	290								
19	20151105	営業部一課	9280								
20	20151106	総務部	11360								

不要な列をグループ化して一時的に隠してしまえば，
作業しやすくなり，しかも簡単に再表示できる

なお，グループ化のショートカットキーは，行でも列でも「Shift + Alt +→」，グループ化解除は「Shift + Alt +←」です。こちらも便利なので覚えておきましょう。

Section 9　マクロの活用と留意点

（1）安易なマクロ乱発は混乱のもと

読者の皆さんは，Excelの「マクロ機能」を使ったことがあるでしょうか。

マクロとは，VBAという言語を使ったプログラミング機能であり，使いこなすと極めて高度な作業の自動化を実現することができます。

しかしながら，私はVBAを使えませんし，一般に経理パーソンは基本的に使うべきではないと考えています。**使う必要がないのではなく，使うべきではないと思うのです。**

まず，プログラミング言語の習得に一定の勉強時間を奪われるのが非効率です。なんでも覚えようとする好奇心は素晴らしいのですが，プログラミング言語は本を一冊読んだぐらいでは到底覚えられません。その時間と情熱があれば，会計や税務の本を読んだほうが経理スキルは上がるでしょう。

仮にあなたが大学時代にVBAを専門に学んでいたならば，活用することのメリットは非常に大きいでしょう。

とはいえ，経理パーソンである以上，使用は控えめにしたほうがいいかもしれません。**あなた以外の経理部員がさっぱりわからないことをすると，仕事の属人化・ブラックボックス化が進んでしまい，ジョブローテーションの妨げになります。**また，プログラミングの実務経験に乏しい人が下手に手を出すと，バージョン管理が不十分なシステムが出来上がる恐れがあり，かえって混乱をきたす可能性もあるのです。

（2）マクロを使う場面を限定する

とはいえ，Excelのマクロ機能自体は，うまく使えば経理作業の大幅な高速化につながります。

マクロのもっとも効果的な活用方法は，社内SEのようにしっかりとシステム実務を経験している方にプログラミングをお願いする場合か，または純粋な単純作業だけを機械に任せる場合に限ることです。この２つの場面に限定し，身の丈に合った範囲で活用していきましょう（**【図表５－17】**）。

【図表５－17】マクロ活用の留意点

マクロ活用の場面は以下の２つだけ
□　プロに作りこんでもらう
□　純粋な単純作業だけに限定する

（３）初心者でも使いやすい「マクロの記録」

単純作業を任せるときに有用なのが，「マクロの記録」という機能です。プログラミングの実務経験が十分でないと自認するのであれば，この機能だけを使うようにしましょう。

この機能は，「マクロの記録」をクリックし，一連の作業を行った後，「記録終了」をクリックすると，その間の一連の作業をビデオのように記録します。そして「マクロの表示」から先ほどの記録を選択すると，記録した作業を順番どおり，正確かつ高速で再現してくれるのです。

例として，**【図表５－18】**では「条件式き書式で，ゼロ以外の数値の場合に背景赤・文字色白に設定する」というマクロを作ってみます。詳しくはStrategy 6のSection 8で説明しますが，この条件付き書式は経理で頻繁に使うものであるため，マクロを設定しておくと便利です。

【図表5－18】マクロの記録例

①　作業用にセルを選択

【SUMIFによる集計】

	税抜金額	税込換算
東京商会	15,220	16,438
大阪食品	2,430	2,624
名古屋工業	2,460	2,657
信州物産	12,250	13,230
合　計	32,360	34,949
check用合計	37,360	-5,000

②　表示→マクロ→マクロの記録を選択

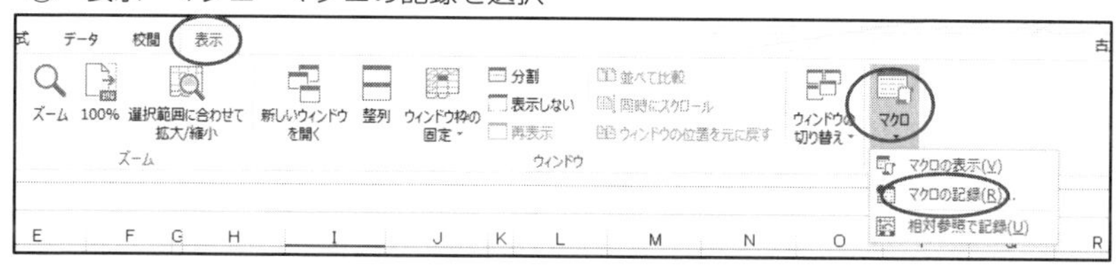

③　マクロの情報を選択

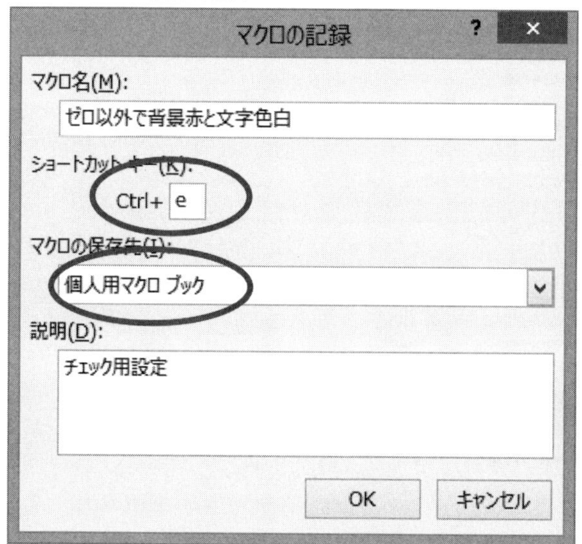

この際，「ショートカットキー」を設定しておくと，オリジナルのショートカットが作成できます。

また，「個人用マクロブック」に保存しておくと，どのExcelファイルでも同じように作業を再現できるようになります。

③　記憶させたい作業を実施

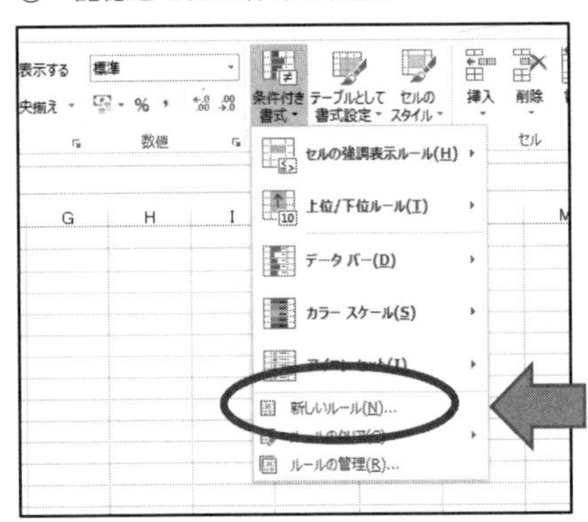

「ホーム」タブの
「条件付き書式」より，
「新しいルール」選択

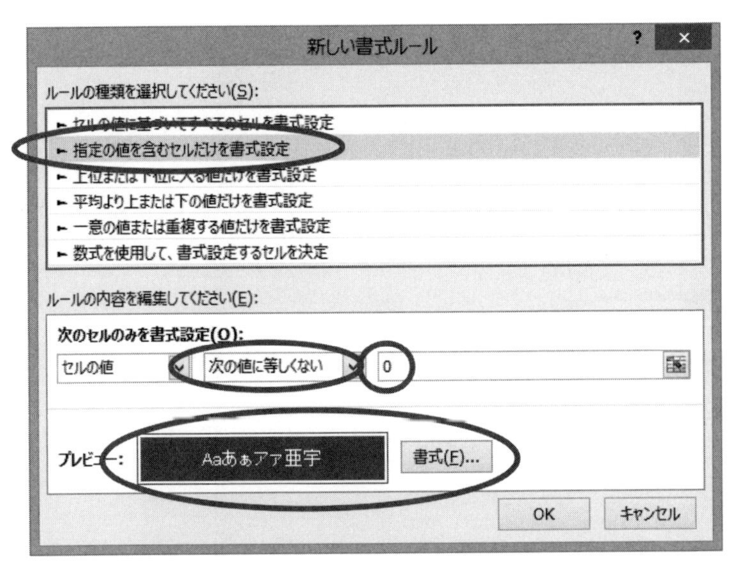

「セルの値がゼロに等しくない場合，背景赤・文字色白」に設定

⑤　マクロの記録を終了する

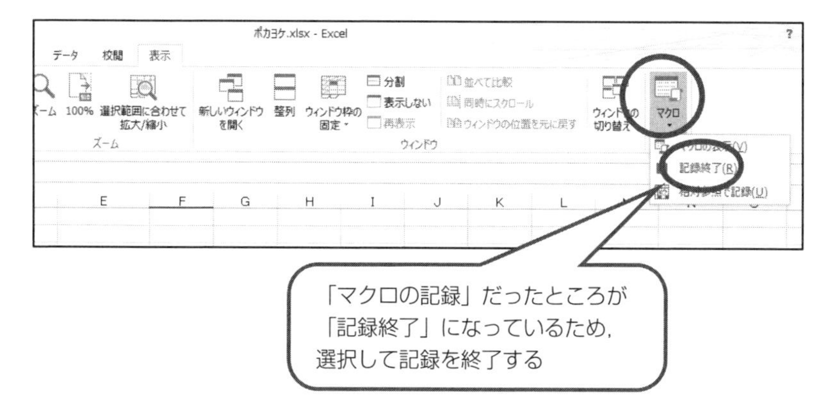

上記【図表５－18】の作業により，マクロが登録されました。では，次にマクロを再生して，自動で作業させてみましょう（【図表５－19】）。

【図表５－19】マクロの再生例

①　マクロ適用セルを選択する

	A	B	C	D
1	売掛金突合せチェック			
2				
3	営業部作成未入金一覧		元帳残高SUMIF	差額
4	東京商会	586,000	586,000	0
5	金沢文具	428,320	0	428,320
6	大阪食品	573,950	573,950	0
7	名古屋工業	756,000	755,000	1,000
8	信州物産	283,490	283,490	0
9		2,627,760	2,198,440	429,320
10				
11		売掛勘定残高計	2,199,500	
12		SUMIF集計check	−1,060	
13				

② 「マクロの表示」を選択する

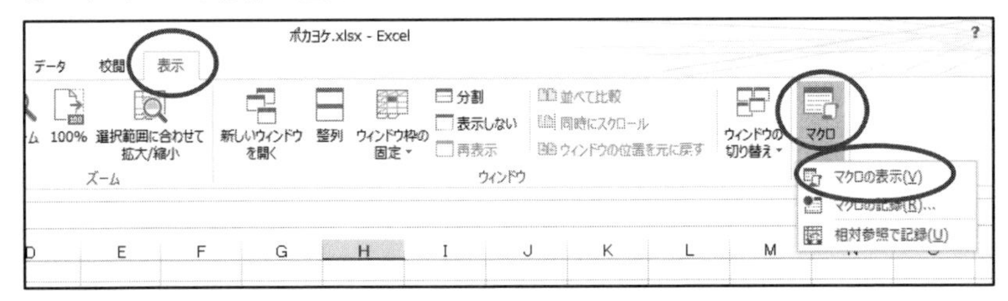

③ マクロを選択し，「実行」

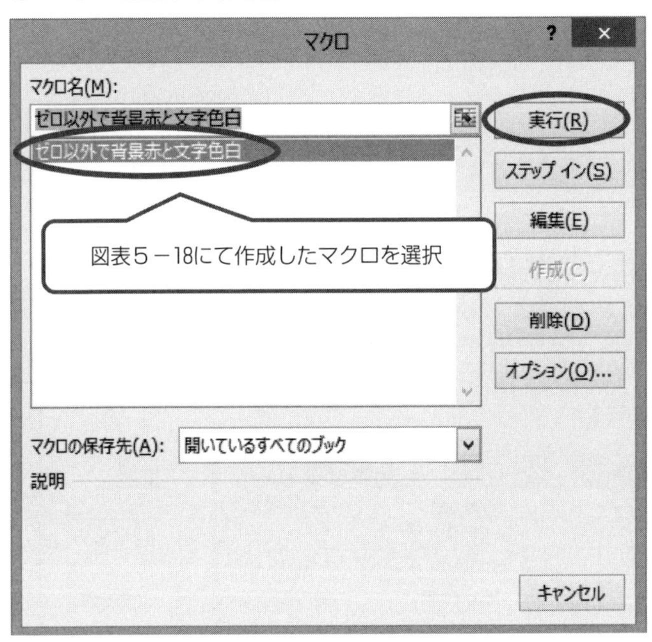

④　結果

	A	B	C	D
1	売掛金突合せチェック			
2				
3	営業部作成未入金一覧		元帳残高SUMIF	差額
4	東京商会	586,000	586,000	0
5	金沢文具	428,320	0	428,320
6	大阪食品	573,950	573,950	0
7	名古屋工業	756,000	755,000	1,000
8	信州物産	283,490	283,490	0
9		2,627,760	2,198,440	429,320
10				
11		売掛勘定残高計	2,199,500	
12		SUMIF集計check	−1,060	

図表５－18の④で登録した作業が再現される

なお，【図表５－18】の③でショートカットキーを割り当てた場合，そのキー（上記例ではCtrl ＋ e）を入力するだけで，【図表５－19】の操作ができるようになります。

マクロの記録は，表の順序入れ替えなど，面倒で順序を忘れやすい作業を毎月繰り返している場合にも非常に便利な機能です。ただし「戻る」ボタンで作業を戻せないため，必ず保存をかけてから実行しましょう。

Section 10　イレギュラーな対応にはメモを残す

（1）いずれ必ず忘れることを前提にメモを残す

Excelを使った月次作業は，基本的には前月の作業シートをコピーし，データを上書きすることで更新して使うことが多いでしょう。

このとき，月によっては，当初想定していなかったイレギュラーな修正が必要な場合があります。

営業部が状況判断でイレギュラーな対応をすることもあるし，過去の自分のミスを織り込んで修正を加えることもあります。このようなイレギュラーな修正は，作業シートの一部改変で対応することもあれば，別のシートを作る必要が生じることもあるでしょう。

このような**イレギュラーな対応をした際は，必ず後で見返したときに，何をしていたのか理解できるようにしておきましょう**。そのために重要なのが，なるべく詳細なメモを残しておくことです。

【図表5－20】メモの例

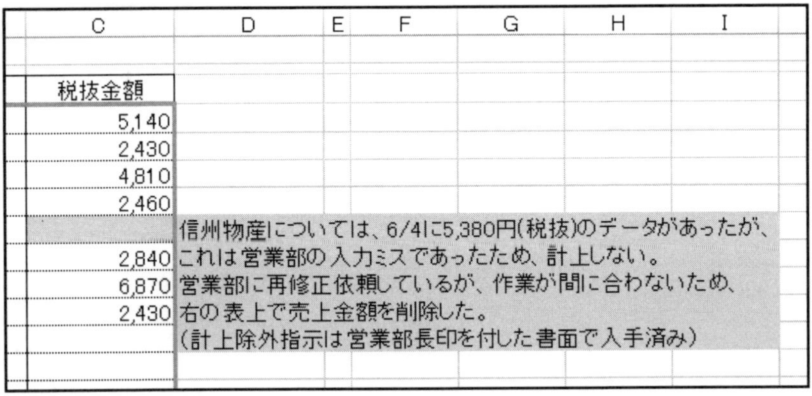

C	D	E	F	G	H	I
税抜金額						
5,140						
2,430						
4,810						
2,460						
	信州物産については、6/4に5,380円(税抜)のデータがあったが、					
2,840	これは営業部の入力ミスであったため、計上しない。					
6,870	営業部に再修正依頼しているが、作業が間に合わないため、					
2,430	右の表上で売上金額を削除した。					
	(計上除外指示は営業部長印を付した書面で入手済み)					

（2）メモはわかりやすい場所に残す

メモの残し方は，作業シートの余白に直接書き込んでもいいし，別途詳細な説明のWordファイルを作成してもいいですが，いずれにせよ，将来見返して「あれ？この処理は何をしているんだっけ？」となったときに，迷わず参照できる場所に保存しておく必要があります。そもそもメモを残したことを忘れてしまうため，なるべく目立つ場所に残しましょう。

このときExcelのコメント機能を使うのもいい手段ですが，コメントは非表示になっていると見落としやすいため，常時表示されるよう設定しておきましょう（**【図表5－21】**）。

【図表5－21】

コメントを付したセルを右クリックし，「コメントの表示／非表示」を選択することで，コメントを常時表示することができる

（3）内容は2W1H＋必要に応じて追加

メモの内容は必要に応じて決まるものですが，「**何が起こったため（Why）**」「**何をするために（What）**」「**どんなことをしたのか（How）**」の３点は必須記載事項と考えましょう。最低限それを盛り込んだうえで，「**自分以外の誰かが見たときに，何をしたのかがすぐわかる**」というレベルで詳細にメモを残すようにしてください。

なお，メモと連動して，修正したセルは濃い黄色で塗りつぶしておくとよりわかりやすいでしょう。

Section 11　印刷の設定方法

作業シートなどについては，データで残せるものはなるべくデータで保存しておくべきことはすでに述べているところではありますが，承認を得る際や内部統制上の理由などで，データとは別に紙でも保存しておかなければならないことがあります。そこで，印刷する際におすすめの設定を紹介しましょう。

（1）1シート1枚が原則

まず，原則として１シートは１枚の紙に収めましょう。

画面と紙のビジュアルはなるべく合わせるのが基本で，想定していないところで表が切れたり紙が変わったりすると，紙を見ながら作業やチェックをする際に大きな障害になります。

シート全体を１ページに収める際は，「ページレイアウト」のタブから「拡大縮小印刷」で１×１を選びましょう（**【図表5－22】**）。

【図表5－22】

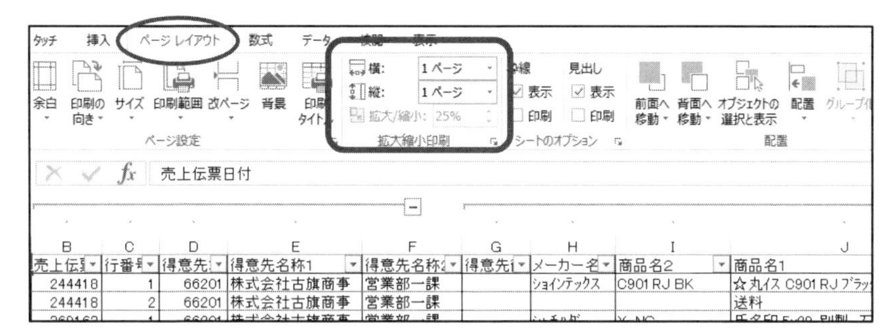

この設定により，どんな大きさのシートでも
一枚に収まるサイズに縮小してくれる

（2）どうしても2枚以上になる場合には

大きな表の場合などは，無理に１枚に収めようとすると字が非常に細かくなってしまう場合があります。

そんなときは２枚以上になるのは仕方ありませんが，「横２枚×縦３枚」のように無秩序に広げてしまうと，印刷したものが表全体のどの部分に該当するかが掴めなくなってしまう恐れがあります。

そこで，「横１枚×縦３枚」とか，「横２枚×縦１枚」のように，縦横のどちらかを１枚に収めるようにしましょう。片側が１枚であれば，全体をつかむことが圧倒的に簡単になります。

設定方法としては，縦か横を「自動」にすれば，指定している方の幅を目一杯使った，もっとも見やすい縮尺に自動で設定してくれます（**【図表5－23】**）。

【図表５－23】

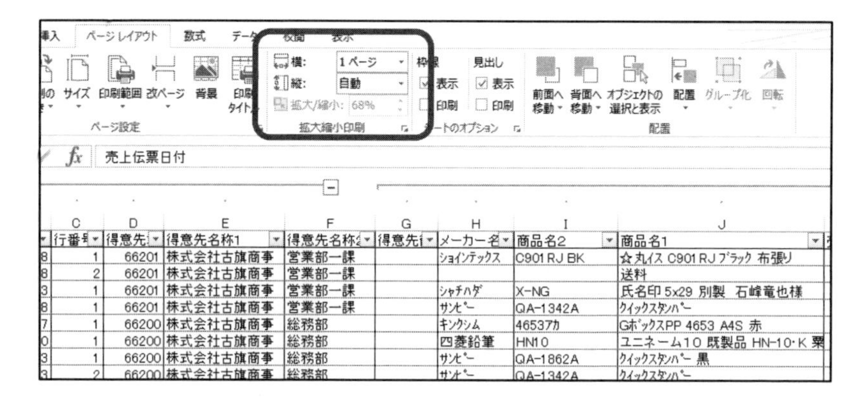

また，単一の表が２枚以上にまたがる場合は，同じく「ページレイアウト」の「印刷タイトル」から「タイトル行」と「タイトル列」は必ず設定しておきましょう。これはいわば印刷上の「ウィンドウ枠の固定」であって，印刷ページが変わっても設定したタイトル行・列を維持してくれる機能です。これを使えば，ページが変わった際に何の列かわからなくなる，といったことが防げます（**【図表５－24】**）。

【図表5－24】

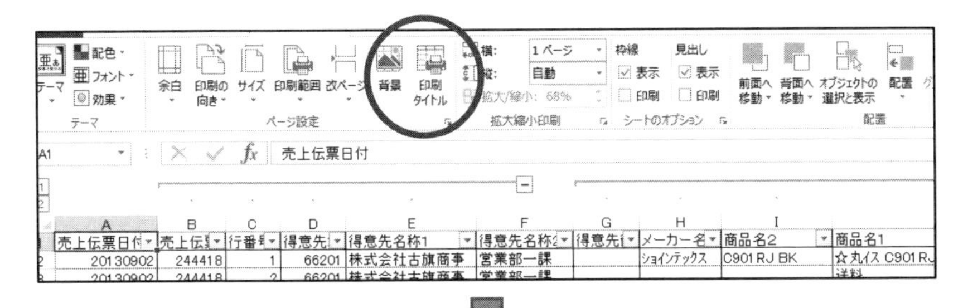

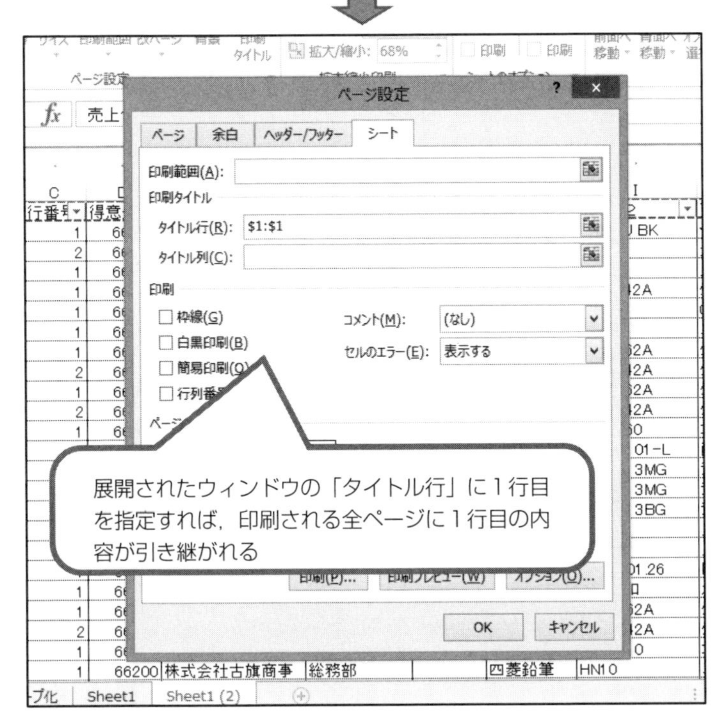

(3) ヘッダー・フッターで印刷情報を残す

最後に，「ページ設定」から「ヘッダー・フッター」の設定を行いましょう。ヘッダー・フッターとは，印刷した際に紙の上部または下部に自動で表示されるメモ書きのことです。

ヘッダー・フッターの設定方法は，まず「ページレイアウト」タブの「ページ設定」領域の右下にある，小さな「詳細マーク」（◪）をクリックします（【図表５－25】）。

【図表５－25】

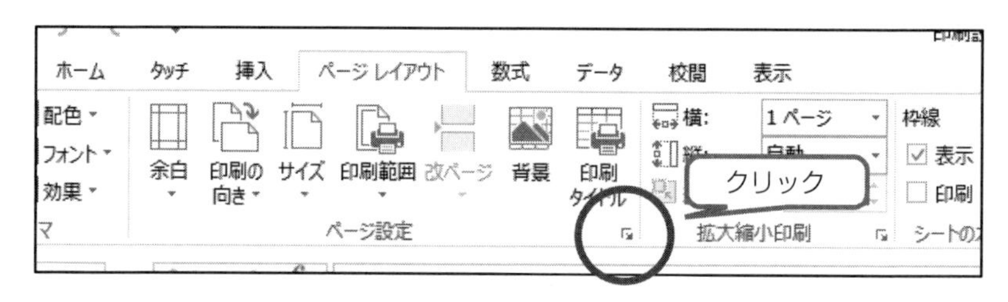

すると【図表５－26】のウィンドウが展開されるため，「ヘッダー・フッター」のタブを選択します。

【図表５－26】

ここから「ヘッダーの編集」または「フッターの編集」を選択し，何を表示するかを選択します（**【図表5－27】**）。

【図表5－27】

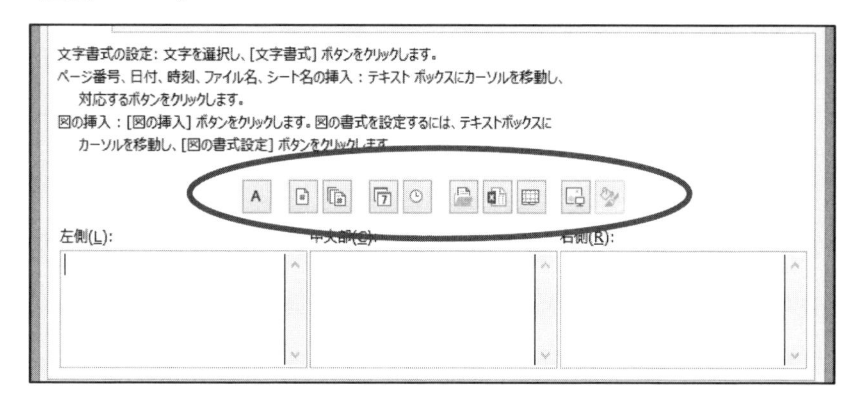

３つあるウィンドウに直接文字を書き込むこともできますが，便利なのはウィンドウの上部にある，**【図表5－27】**の丸で囲ったアイコンです。これを選択すれば，印刷時に自動で適切な内容が表示されます。たとえば，「日付の挿入」を選択すると，印刷時に印刷した日の日付が自動で記載されるのです。

記入する内容はそのときの気分ではなく，できれば経理部全体で統一されたものがいいでしょう。

私は，ヘッダーは特に使用せず（資料のタイトルはシートの左上のセルに直接記入），フッターの左部分に「ファイル名」と「シート名」，右部分に「印刷日付」と「印刷時刻」を設定しています（**【図表5－28】**）。

ファイル名とシート名があれば，該当するExcelシートはどれかがすぐにわかるし，ファイル名に記入しておいた最終更新日付が紙の上でも確認できます。また，印刷した日付と時刻がわかれば，バージョン管理や税務調査時の証拠として利用できるからです。

【図表5－28】著者おすすめのフッター設定

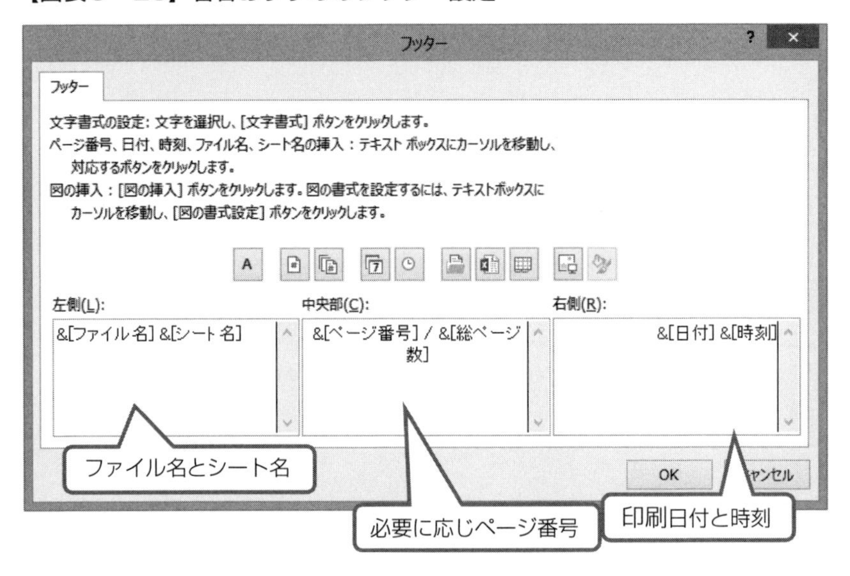

Strategy 5 のまとめ

- Excelシートは「入力しやすく」「わかりやすく」「ミスしにくく」の3点を意識して作りこむ。
- 1回で完璧なExcelシートを目指すのではなく，トライ＆エラーで少しずつカイゼンしていく。
- シート構造を工夫し，次回迷わないExcelシートにしていく。
- 多くの高度な関数を使いこなそうとせず，限定したものを組み合わせてわかりやすい計算を心がける。
- ファイルをまたぐセル参照は控え，必ず同一ファイルに値貼付けする。
- 不要な行や列を表示させないためには，「グループ化」によって，非表示であることがわかるようにしておく。
- VBAに手を出すのは控える。「マクロの記録」によって単純作業を自動化する。
- イレギュラーな対応を行った場合は必ず詳細なメモを残しておき，将来見返したときに何をしたのかがわかるようにしておく。
- 印刷では画面と紙のビジュアルが一致するようにし，ヘッダー・フッターの設定も行う。

Strategy 6
効果的かつ効率的なチェックを実施する

Section 1　経理高速化にミス防止は不可欠

（1）丁寧な作業が経理高速化の条件

経理高速化のポイントは，作業それ自体のスピードを上げることではなく，丁寧に作業することです。

一見高速化とは真逆のような印象を受けるのですが，経理スピードを上げるうえで，ミスは最大の敵なのです。なぜなら，会計数値は情報の積み重ねで作られており，最初の作業が間違っていたら，それ以降全部台無し，ということも起こりうるためです。**作業工程の手戻り（やり直し）ほど，無駄で時間のかかるものはないのです。**

（2）ミスの多い人は何が足りないのか

ところで，あなたの職場には，妙にケアレスミスが多い人がいないでしょうか。Excelシートの数式が壊れていてとんでもない数字を出しているのに気付かないとか，仕訳の貸借を逆に切ってしまうとか。申し訳ないのですが，こういう人は，お世辞にも経理スキルが高いとは言えないでしょう。

しかし，もしそれが自分のことだと思っても，悲観する必要はありません。**このようなミスの多さは治らないようでいて，実は簡単に治せるのです。**

恥ずかしながら，かくいう私も，過去にそのようなミスの多さで職場に迷惑をかけてきたものです。その贖罪の意味も込めて，このStrategy 6では，私が探し当てたケアレスミスを防ぐテクニックを解説しましょう。

一朝一夕とまではいきませんが，本章のテクニックを意識しながら仕事をしていけば，必ずミスは減っていきます。あきらめずにスキルアップを目指していきましょう。

Section 2　適切な自己チェックがミスを防ぐ

（1）ミスを防ぐ方法を具体的に考える

では，ミスを防ぐにはどうすればいいのでしょうか。

それは注意しながら作業するとか，ゆっくり丁寧に作業するといった精神論のような話ではなく，もっと具体的に考える必要があるものです。

ミスを防ぐ方法のひとつは自動化にあります。人間がミスをするのであれば，ミスしない機械に任せればいいでしょう。その方法は，これまでのStrategy 4やStrategy 5で詳しく説明してきました。

しかしながら，すべての作業を自動化することは当然できないものです。人間の手の柔軟性を活用しなければならない作業は多く，自動化できるのはその一部でしかありません。

そんなときにミスを防ぐ有効な手段が「自己チェック」なのです。

（2）ミスの多い人は，自己チェックが不適切

かつての私を含め，ミスが多い人は自己チェックがきちんとできていないように思われます。

何度も注意されていれば，多かれ少なかれ一応の自己チェックはするでしょうから，これは**「正しい自己チェックの方法を知らない」**といったほうが正確かもしれません。

ミスの多い人がよくやるような，上司への提出直前に資料をざっと眺めて誤字脱字の確認をしているようでは，そもそもチェックしていることにはなりません。言い換えれば，そうではない，正しい自己チェックの方法を覚えれば，劇的にミスは減ることになるでしょう。

（3）チェックは管理職の仕事ではない

なお，ミスの多い人で勘違いしている人間が多いのですが，ケアレスミスのチェックは上司の仕事ではありません。

上司がチェックするのは部下の「判断」であり，承認はミスがないことを確かめたという意味ではなく，自分のさらに上司に対して，部下の仕事に責任を持つという意味です。**チェックは上司がやってくれるものだという心の甘えが，ミスを生む最大の要因と言えるでしょう。**

Section 3　要点を効率よくチェックする

（1）“効果的かつ効率的”なチェックの必要性

さて，単に「自己チェックをしろ」と口を酸っぱく言ってみても，ミスは簡単には減りません。なぜなら，自己チェックには際限がないからです。

いざ自己チェックしようとすると，その作業はいくらでもできてしまうことに気づきます。仕訳伝票なら日付の確認から始まり，1個1個の金額を確認したり，勘定科目や補助科目を確認したり，摘要を確認したり…。完璧を目指すと膨大な量になってしまうのです。

人間が行う以上，絶対的な完璧などありえません。よって，完璧を目指さないことが大切です。完璧を目指すと常に集中力を高めていなければいけませんが，実際にはそんなことはできず，必ずチェック漏れを起こします。当然時間も無駄にかかってしまいます。

そのため，どこかで手を抜く必要あるのです。手を抜くというと言葉が悪いのですが，要するに**チェックに強弱を付ける**のです。これを会計監査の言葉で，**「効果的かつ効率的」なチェック**といいます。

（2）効果的かつ効率的なチェックとは？

効果的かつ効率的なチェックとは，その名のとおり，チェックの効果と効率を同時に追求することです。

効果と効率は一見相反するようですが，つまりは許容される程度の精度を確保したうえで，なるべく効率的にその精度を達成しましょう，ということです。

効果的かつ効率的なチェックは，無駄なチェックを排除し，効果のあるチェックだけを最小の時間で行うことで達成されます。これが，チェックに強弱をつけるということなのです。

たとえば，前月の仕訳をコピーして伝票を作成しているのであれば，勘定科目や補助科目を入念にチェックする必要はないでしょう。前月にイレギュラーな対応をしていないか，当月は平常通りの仕訳で問題ないか，というポイントだけ，集中力を高めてチェックすればいいのです。

一方でコピーならではのミス，たとえば金額や摘要が前月のままになっていないかといったチェック項目には重点を置くべきです。金額のミスは手戻り修正のリスクが高いため（つまり重要性の大きいミスになるため），特に気を付けて確認しましょう。

Section 4　ミスのリスクを察知する嗅覚を磨く

自己チェックに強弱を付けるには，どこでどんなミスが出やすいかを，感覚的に察知する必要があります。すなわち，**リスクの匂いを嗅ぎ付ける嗅覚**を磨いていくのです。

この嗅覚は経験によって培うところが多いのですが，意識しながら実務を重ねることで，成長スピードはまったく違ってくるでしょう。

以下ではスキルアップの要点として，特にミスが発生しやすい典型的なポイントを挙げましょう。

（1）手　入　力

本書を通じて何度も述べているとおり，手入力はミスを引き起こすリスクが非常に大きい作業です。どんなにゆっくり打ち込んでも，入力ミスは必ず発生するものであるため，はじめからミスが存在しているんだという気持ちでチェックする必要があるでしょう。

（2）表のタテ計，ヨコ計

表のタテ計やヨコ計で集計漏れが生じていることは，案外多く見られる典型的なミスです。

特に行や列を追加したとき，追加した部分が計算対象から外れていることが多くあります（**【図表6－1】**）。よくやってしまうミスですが，マウスで範囲を選択すると合計値が簡単に計算できるため，必ずチェックしておきましょう（**【図表6－2】**）。

【図表6－1】

	A	B
1	売掛金残高一覧	
2		
3	相手先	残高
4	東京商会	861,300
5	大阪食品	471,680
6	名古屋工業	680,200
7	信州物産	478,610
8		2,491,790
9		
10		

＝SUM（B4：B7）

以下の表に一行加える場合・・・

	A	B
1	売掛金残高一覧	
2		
3	相手先	残高
4	東京商会	861,300
5	大阪食品	471,680
6	名古屋工業	680,200
7	信州物産	478,610
8		
9		2,491,790
10		
11		

単純に行を追加すると・・・

	A	B
1	売掛金残高一覧	
2		
3	相手先	残高
4	東京商会	861,300
5	大阪食品	471,680
6	名古屋工業	680,200
7	信州物産	478,610
8	金沢文具	253,000
9		2,491,790
10		

＝SUM（B4：B7）

合計のセルの数式が変わっておらず，追加した行が集計されていないことがある

【図表6－2】簡単なチェック方法

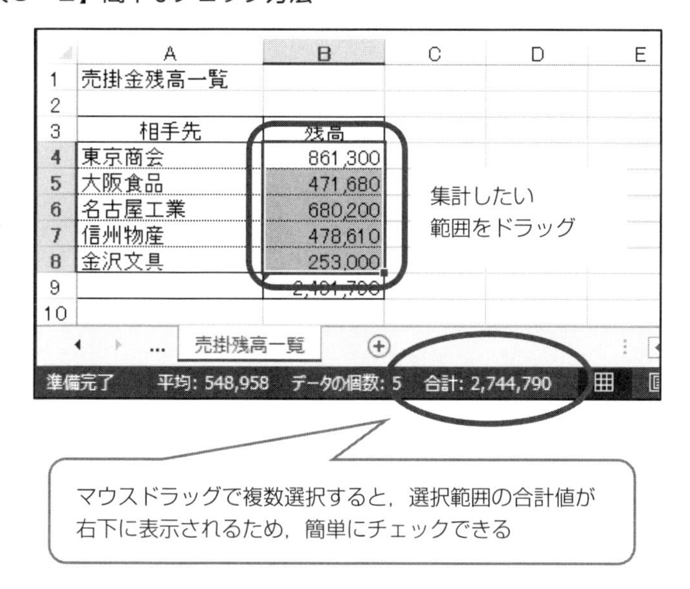

（3）SUMIFによる引用

SUMIF関数は経理で大活躍する超便利関数なのですが，使い方を誤ると集計の漏れやダブりが発生するリスクをはらんでいます。対応方法はSection 8やSection 9にて後述しますが，これも合計値を確認することでリスクを軽減できます。

（4）補助科目

勘定科目はあまり間違えないものですが，補助科目はなぜか間違えやすいものです。

補助科目の入り繰りはせっかくの美しい元帳体系を台無しにしてしまうため，定期的に元帳をチェックするなどして，決算前には入り繰りのない状態にしておきましょう。

（5）マイナス仕訳

会計システムによっては，伝票の金額をマイナスで入力できるものがあります。

修正伝票を入力する場合，逆仕訳では合計残高試算表の借方と貸方が無駄に膨らんでしまうため，マイナス仕訳を切ることで帳簿がキレイになる，などの理由で，会社によってはよく活用しているようです。

ただし，マイナス金額で仕訳を切ろうとすると，どうしても頭が混乱し，ミスが発生するリスクが高まるのがネックです。マイナス仕訳という概念のない古参社員はなおさら使いこなすのが大変でしょう。あまり使わないほうがいいと思いますし，使う場合は特に意識的に残高をチェックすべきです。

（6）仕訳伝票の摘要

伝票の金額は割と気が配られやすいのですが，摘要についてはつい見落としてしまいがちです。

前月の伝票をコピーして新しい仕訳を切る場合，「○年○月分電気料金」のような毎月修正が必要な記載があると，修正漏れを起こすミスが発生しやすいでしょう。

摘要の記載をどこまで厳密に修正するかは少々難しい問題です。金額とは違い，個々の伝票記載上の月数を間違えても，決算にはそんなに影響がないため，わざわざ修正伝票を切る会社もないでしょう。

しかし，摘要の記載がずさんだと，後々見返したとき思わぬ混乱が生じる恐れがあります。むしろ修正伝票があまり切られないからこそ，伝票の自己チェックをしっかり行い，一発で正しい入力となるようにしたいものです。

（7）記帳ルールが変わった箇所

補助科目を新しく設定するなどして，記帳ルールが変わった箇所は，入力ミスが頻発する重要項目です。特に多いのが前の伝票やExcelシートをコピーして使っている場合で，以前の記帳ルールからまったく修正されていないということも多く見受けられます。

特に決算や税金関係，預金に係る受取利息のように，年数回しか発生しない取引に関しては，一度で完璧に新しい記帳ルールに変更するのは難しいものです。

経理高速化のために業務フローを変えたのに，結局ミスが多くて速くならなかった，などということがないように，しっかりとチェックを行い，ミスを減らしていきましょう。

Section 5　リスクに対応したチェック方法を選ぶ

（1）ミスの影響は一様ではない

ミスのリスクは様々な要因によって生じますが，そのミスが帳簿にどう影響するかもまた様々です。

貸借の不一致という結果になるミス，残高があるべき残と一致しないという結果になるミス，補助科目の入り繰りが発生するミス，摘要の誤記という結果になるミスなど，ミスの種類によって多様な影響になってしまうのです。

（2）有効なチェック方法もケースバイケース

ここで注意すべきなのが，ミスの種類によって有効なチェック方法もまた変わってくるということです。

勘定科目残高の数値を１ケタずつ懸命に確認しても，補助科目の入り繰りは発見できません。このミスは補助科目ごとのあるべき残と突合せるか，補助元帳の摘要を見て誤った取引が混入されていないか確認する必要があります。

表の数値を手入力する際，入力ミスがないかを確認するために，表全体の合計値を確認するという方法があります。これは単純なキーの叩き間違いを発見するためにはいい方法ですが，表の中での入力箇所の入り繰りを発見することはできません。

このように，**ミスの種類によって有効なチェック方法は異なるため，ミスのリスクを認識したときには，どのようなチェックを行えば発見できるかを考えていく必要があるのです。**

（3）リスクの認識・評価・対応は常に考えておく

ミスのリスクの認識・評価と対応するチェック方法の選択は，経理が作業をするうえで常に維持していくべき心構えと言っていいでしょう。常に意識するというより，無意識に息をするように行うのが理想です（**【図表6－3】**）。

もちろん，ミスのリスクも探せばキリがないため，影響が僅少なリスクは無視し，大きなリスクは手間をかけてチェック，小さなリスクは簡単にチェックといった強弱をつける必要があります。

普段は呼吸を落ち着け，気持ちを込めるときには大きく息を吸うように，集中力のボリュームを適切にコントロールできる感覚を身につけましょう。

【図表6－3】

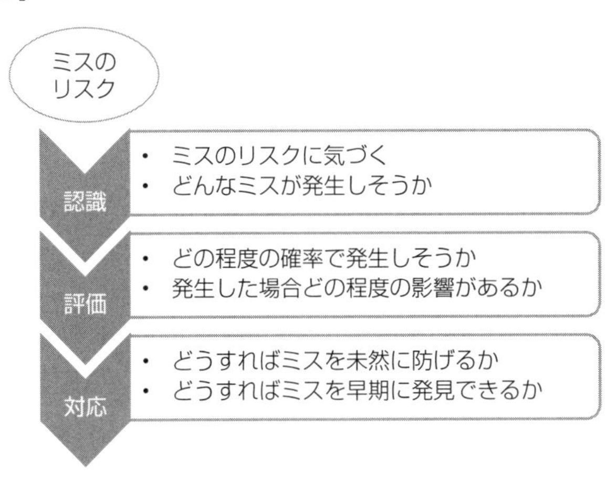

Section 6　チェック項目のチェックリスト

記帳ルールが変わったり，イレギュラーな対応が予定されていたりといったような，事前にミスのリスクが高い項目が予定されている場合は，作業前にチェック項目のチェックリストを作成しておきましょう（**【図表6－4】**）。

このチェックリストの目的は，あくまでチェックすべき項目を失念しないことにあります。したがって，チェックリストはWordで簡単に作ればいいでしょう。よく見る場所に置いておき，作業期間中に何度も目にするようにすれば，失念のリスクは大幅に低減できます。

【図表6－4】チェックリストの例

2016年5月月次決算のチェック項目

【毎月のチェック項目】

□　買掛金残高を相手先別に並べて滞留がないか

□　売掛金残高があるべき残と一致しているか

□　支払顧問料は毎月同額が計上されているか

□　仮払・仮受消費税等が残高ゼロで，未払消費税等があるべき残と一致しているか

【当月のみの留意点】

□　4月に東京商会で売掛金の入金不足があったため，再入金を確認する

□　税理士の決算報酬が発生しているため，顧問料は通常月と一致していなくて正解（一致していたら不正解）

Section 7　実はアテにならない目視チェック

自己チェックの基本は，要所要所でミスが発生していないかをしっかり確認することであり，データは紙に印刷して，赤ペンでチェックマークを付けながら確認していくことが基本中の基本です。

ただし，特に数字の場合には，目視チェックがアテにならないことがあるということを強く認識しておきましょう。人間の目は数字の羅列を正確に読み取るのが苦手で，「243,245,628円」とあるべきところが「243,425,628円」となっていても，よほど注意していないと気づきません。

数字が並んでいる際は，特にリスクが高いポイントとして集中力を高めるほか，別途工夫してチェックしたいところです。

たとえば，電卓を使って合計値が一致しているかも合わせて確認したり，別途Excelで数値確認をするといった方法が有効です。Excelでの有効な確認方法として，次に紹介する「ポカヨケ」があります。

Section 8　シートの要所にポカヨケを仕込む

Excelシートで作業する際に，ミスをタイムリーに発見するためには，作業シートにいわゆる「**ポカヨケ**」を設置するのが望ましいでしょう。

ポカヨケとは工業の言葉で，何かミスがあったときに次の工程に進めなくなる仕組みのことです。身近なところでは，乾電池はプラスマイナスを逆に入れようとしてもなかなか入らないように設計されていますが，これは誤って逆に電流を流して機器を壊してしまうことを防ぐポカヨケです。

経理にとってもっと身近なポカヨケは，複式簿記の仕組みでしょう。貸借が一致しない場合はどこかで間違いがある，という仕組みになっており，タイムリーにミスが発見できます。特に会計システムにおいては，貸借が一致しなければ仕訳が切れないようになっています。

（1）手入力ミスを防ぐポカヨケ

Excelの作業シートにポカヨケを組み込む方法は工夫次第ですが，非常に効率的な方法として，計算結果と「あるべき結果」の一致を確かめるという方法があります。単純な例として以下の**【図表6－5】**をご覧ください。

【図表６－５】ポカヨケを使った証憑入力シート

元となる証憑（紙）

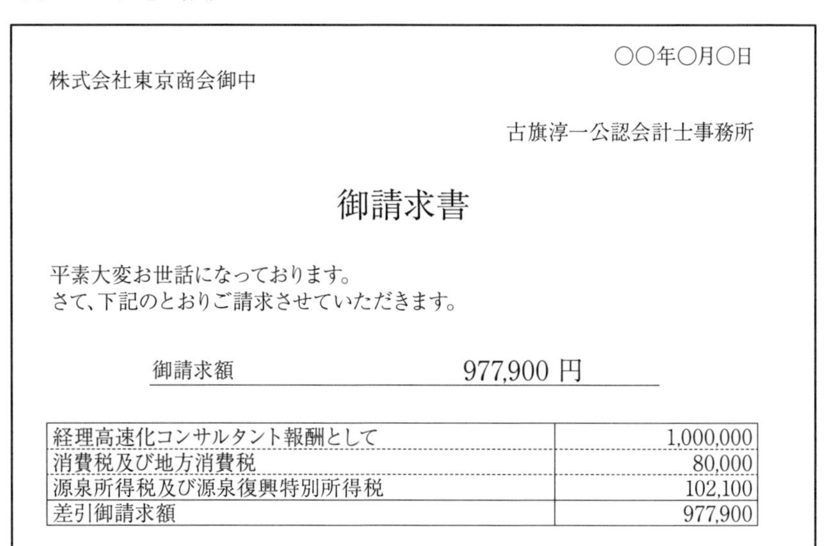

○○年○月○日

株式会社東京商会御中

古旗淳一公認会計士事務所

御請求書

平素大変お世話になっております。
さて、下記のとおりご請求させていただきます。

御請求額　977,900 円

経理高速化コンサルタント報酬として	1,000,000
消費税及び地方消費税	80,000
源泉所得税及び源泉復興特別所得税	102,100
差引御請求額	977,900

仕訳作成の作業シート

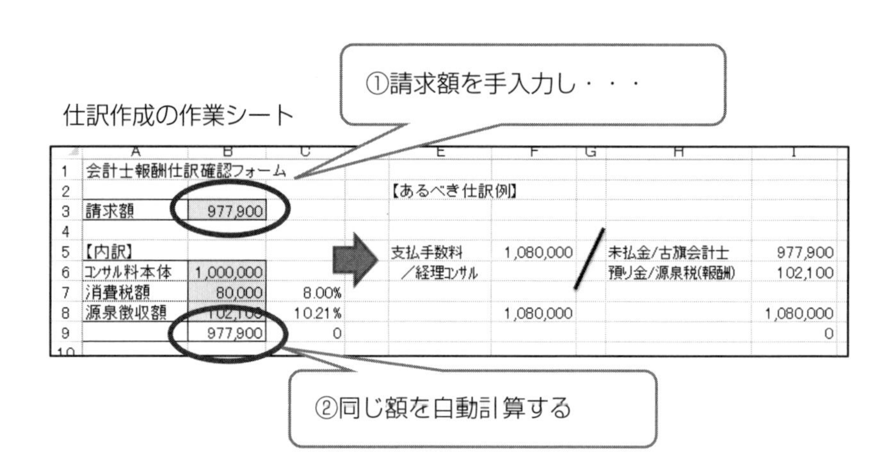

	A	B	C	E	F	G	H	I
1	会計士報酬仕訳確認フォーム							
2				【あるべき仕訳例】				
3	請求額	977,900						
4								
5	【内訳】			支払手数料	1,080,000		未払金/古旗会計士	977,900
6	ｺﾝｻﾙ料本体	1,000,000		／経理ｺﾝｻﾙ			預り金/源泉税(報酬)	102,100
7	消費税額	80,000	8.00%					
8	源泉徴収額	102,100	10.21%		1,080,000			1,080,000
9		977,900	0					0

上記のように，紙の請求書から費用の内訳を単純にExcelに転記入力する場合を考えます。

この場合，①の「請求額」はExcel上の計算で算出できるため（②の箇所で計算している），わざわざ手作業で転記入力する必要はないと思われるかもしれません。しかしポカヨケという意味では，計算結果である請求額はぜひとも手で転記入力するべきなのです。

請求額を手で①に転記したうえで，さらに別セル（②）には，同じ請求額を算出するための自動計算を組み込んでおきます。

なぜそんな二度手間をするかといえば，**一致するはずの計算が本当に一致するかを確認する**ためなのです（**【図表6－6】**）。手入力でどこかにミスがあるとここで差額が出るため，タイムリーに修正することができます。逆に捉えれば，理屈どおり金額が一致すれば入力が正しいと言えるでしょう（ただし，行の入り繰りは発見できませんが）。

【図表6－6】

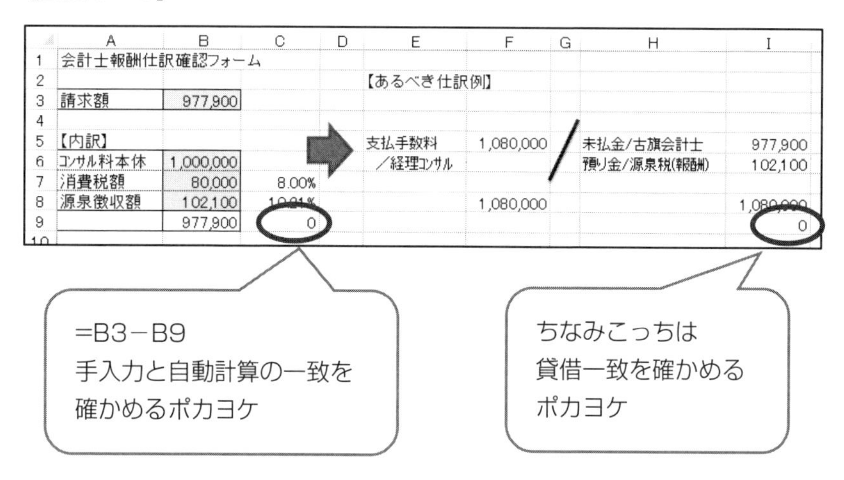

（2）SUMIFのミスを防ぐポカヨケ

このようなポカヨケは手入力以外でも設置していきましょう。たとえば，【図表6－7】のようにSUMIF（サムイフ）関数を使って集計する場合，集計漏れやダブルカウントというミスが発生するリスクがあります。そこで，元データの合計値と集計結果の合計値が一致しているかを確認することで，ミスを事前に防ぐことができます。

【図表6－7】SUMIFでのポカヨケ

	A	B	C	D
1	売上実績表貼付			
2				
3	日付	得意先	税抜金額	
4	6月1日	東京商会	5,140	
5	6月2日	大阪食品	2,430	
6	6月2日	東京商会	4,810	
7	6月4日	名古屋工業	2,460	
8	6月4日	信州物産	5,380	
9	6月5日	東京商会	2,840	
10	6月6日	信州物産	6,870	
11	6月7日	東京商会	2,430	
12				
13				
14				
15				
16				
17				
18		【SUMIFによる集計】		
19			税抜金額	税込換算
20		東京商会	15,220	16,438
21		大阪食品	2,430	2,624
22		名古屋工業	2,460	2,657
23		信州物産	12,250	13,230
24		合　計	32,360	34,949
25				
26		check用合計	32,360	0

=SUM(C4:C14)

=C24－C26

（3）条件付き書式で見落としを防ぐ

なお，**【図表6－7】**ではD26に該当する「一致確認セル」（計算結果－あるべき数値，ゼロになればOK）は，「条件付き書式」の機能で「ゼロ以外なら背景赤，文字色白」と設定しておくと，エラーが生じたときに非常に目立つため，エラー見落としのリスクを軽減できます。条件付き書式の設定方法は**【図表6－8】**のとおりです。

【図表6－8】条件付き書式の設定方法

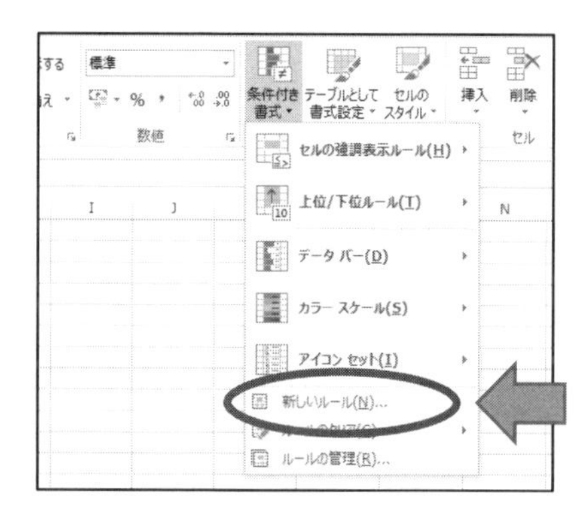

「ホーム」タブの
「条件付き書式」より，
「新しいルール」選択

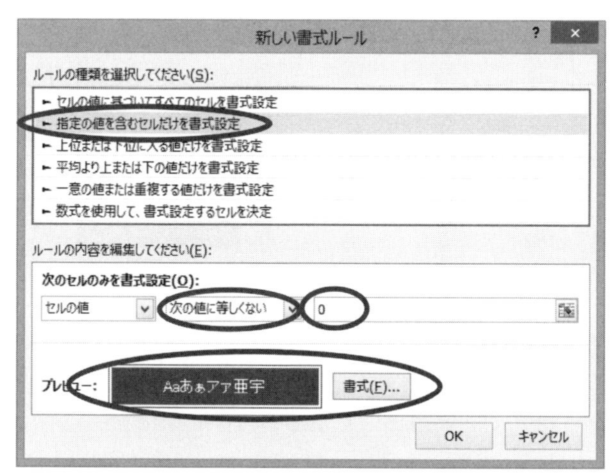

セルの値がゼロに等しくない場合，背景赤・文字色白に設定

【図表６－８】のように条件付き書式を設定すると，【図表６－９】のように，エラー発生時にセルが非常に目立つようになります。

【図表６－９】条件付き書式を設定したポカヨケ

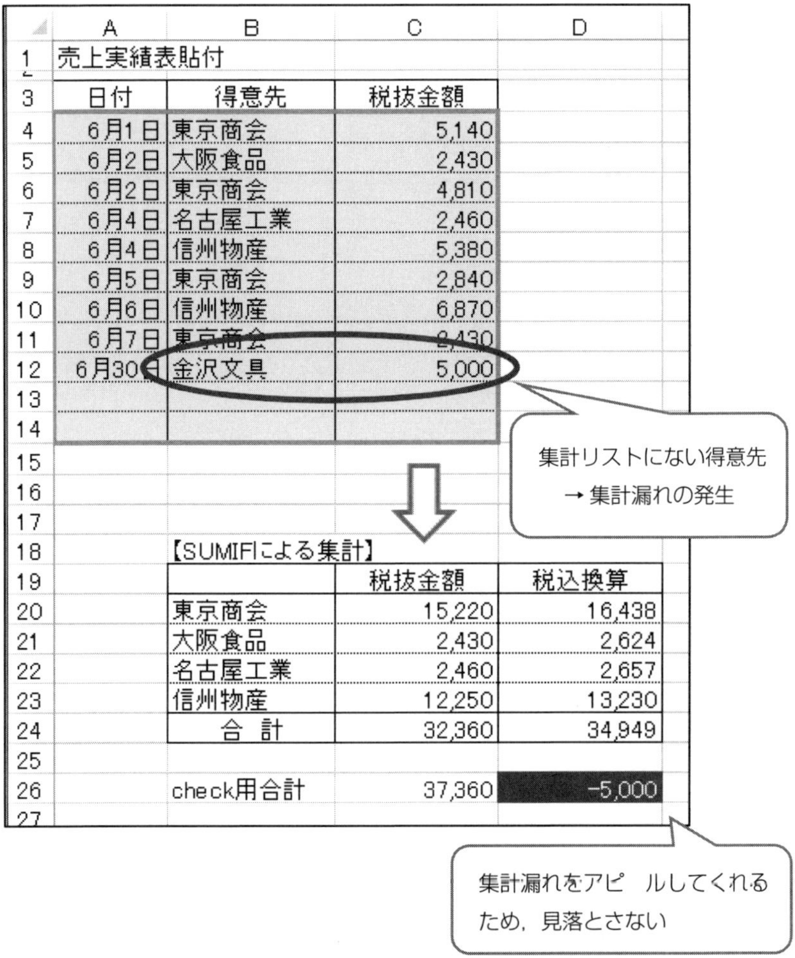

	A	B	C	D
1	売上実績表貼付			
3	日付	得意先	税抜金額	
4	6月1日	東京商会	5,140	
5	6月2日	大阪食品	2,430	
6	6月2日	東京商会	4,810	
7	6月4日	名古屋工業	2,460	
8	6月4日	信州物産	5,380	
9	6月5日	東京商会	2,840	
10	6月6日	信州物産	6,870	
11	6月7日	東京商会	2,430	
12	6月30日	金沢文具	5,000	
13				
14				
15				
16				
17				
18		【SUMIFによる集計】		
19			税抜金額	税込換算
20		東京商会	15,220	16,438
21		大阪食品	2,430	2,624
22		名古屋工業	2,460	2,657
23		信州物産	12,250	13,230
24		合　計	32,360	34,949
25				
26		check用合計	37,360	−5,000
27				

集計リストにない得意先
→集計漏れの発生

集計漏れをアピ　ルしてくれるため，見落とさない

Section 9　COUNTIF関数での集計漏れ探し

前述のSUMIF集計の合計値とあるべき合計値を比較する方法は，効率的にミスの“存在”を発見する方法ですが，これに対しミスの存在を発見した際に効率よくミスの“所在”を特定するためには，**COUNTIF関数**を使用すると便利です。

COUNTIF関数は，「指定した領域に，指定した条件に合うセルがいくつあるかを数える」という関数です。SUMIFの数を数える版と考えて差し支えありません。

これを元データの横に追加すれば，集計の表にリストアップされていない項目が簡単に発見することができるのです。

【図表6－10】COUNTIFで集計漏れを探す

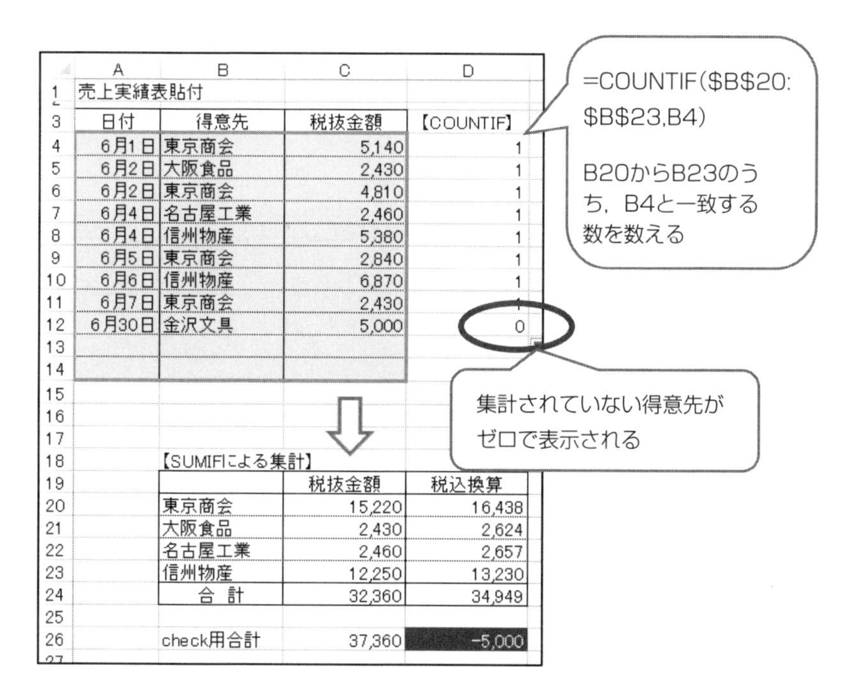

	A	B	C	D
1	売上実績表貼付			
3	日付	得意先	税抜金額	【COUNTIF】
4	6月1日	東京商会	5,140	1
5	6月2日	大阪食品	2,430	1
6	6月2日	東京商会	4,810	1
7	6月4日	名古屋工業	2,460	1
8	6月4日	信州物産	5,380	1
9	6月5日	東京商会	2,840	1
10	6月6日	信州物産	6,870	1
11	6月7日	東京商会	2,430	1
12	6月30日	金沢文具	5,000	0
13				
14				
15				
16				
17				
18		【SUMIFによる集計】		
19			税抜金額	税込換算
20		東京商会	15,220	16,438
21		大阪食品	2,430	2,624
22		名古屋工業	2,460	2,657
23		信州物産	12,250	13,230
24		合　計	32,360	34,949
25				
26		check用合計	37,360	-5,000

【図表6－10】のように，元データの横に，「各行の得意先名（B 4からB 12の各セル内容）が集計表（B 20:B 23）にそれぞれいくつリストアップされているか」を数える列を用意し，各取引先のリストアップ状況を確認します。

正しくリストアップされていれば「1」が表示されるはずなのですが，漏れがあれば「0」，重複があれば「2」が表示されることになり，すぐに発見できるのです。

行の数が多い場合は，**フィルター機能**を使って「1以外を表示」すれば，漏れ・ダブりのある行だけをピックアップして表示できます。

Section 10　SUMIFを使った一括突合せチェック

よく「突合せ」と呼ばれるチェック方法があります。

2つの別々に作成されたリストを突合せて，内訳単位で差額が生じていないかを確認する作業のことです。

この突合せ作業は，Excelを使って多数のデータを一気にチェックするのに便利な方法です。この方法で売掛金や買掛金の相手先別残高などをチェックしている会社も多いでしょう（**【図表6－11】**）。

【図表6－11】突合せチェックの例

	A	B	C	D	E
1	売掛金突合せチェック				
2					
3	営業部作成未入金一覧		会計システム売掛金残高		差額
4	東京商会	586,000	東京商会	586,000	0
5	金沢文具	428,320	金沢文具	428,320	0
6	大阪食品	573,950	大阪食品	573,950	0
7	名古屋工業	756,000	名古屋工業	755,000	1,000
8	信州物産	283,490	信州物産	283,490	0
9					

不一致の原因が名古屋工業に
あることがすぐにわかる

（1）リストのズレをSUMIFで揃える

ところで，２つのリストを突合せるときに，片方のリストに抜けが生じていると行がズレてしまい，それ以降の行のチェックができなくなってしまいます（**【図表６－12】**）。そのため手作業で行を追加して調整することになるのですが，大きなリストの場合には修正回数も多く，また毎月行追加の作業が必要になるため，非常に手間がかかります。

【図表６－12】

	A	B	C	D	E
1	売掛金突合せチェック				
2					
3	営業部作成未入金一覧		会計システム売掛金残高		差額
4	東京商会	586,000	東京商会	586,000	0
5	金沢文具	428,320	大阪食品	573,950	−145,630
6	大阪食品	573,950	名古屋工業	755,000	−181,050
7	名古屋工業	756,000	信州物産	283,490	472,510
8	信州物産	283,490			283,490
9					

一行追加し，ズレを修正しなければ，突合せができない

そこで，**片方のリストを基準（ベース）とし，別シートに突き合わせるリストを貼り付けた上で，そこから突合せる数値をSUMIFで引っ張ってくるようにすれば，行を調整する作業がまったく不要になります**（**【図表６－13】**）。この方法は，毎月突合せをしている場合などでは，かなりの作業が自動化されることで，２回目以降の作業時間が劇的に減るので，ぜひ試してみてください。

【図表6－13】

A列を検索条件として，残高一覧から
SUMIFでピックアップしてくる

	A	B	C	D
1	売掛金突合せチェック			
2				
3	営業部作成未入金一覧		元帳残高SUMIF	差額
4	東京商会	586,000	586,000	0
5	金沢文具	428,320	0	428,320
6	大阪食品	573,950	573,950	0
7	名古屋工業	756,000	755,000	1,000
8	信州物産	283,490	283,490	0
9		2,627,760	2,198,440	429,320
10				
11		売掛勘定残高計	2,198,440	
12		SUMIF集計check	0	

ただしこの場合，基準となるリストに記載されていない項目はSUMIFで引っ張ってくることができません。つまり，突合せリストの網羅性（漏れの有無）は確認できますが，基準リストの網羅性は確認できないのです。そこで，Section 7，8で紹介した合計チェックとCOUNTIFを併用して，集計漏れが生じないように気を付けましょう。

Section 11　チェックの必要そのものを減らす努力を

以上におきまして，自己チェックの重要性とその手法について述べてきました。

しかし製造業に「**検査は付加価値を生まない工程**」という言葉があるように，チェックそのものは，経理作業を前に進めるものではありません。チェック作業ばかりを熱心にしても，新しい仕訳が切れるわけでもなければ，連結決算が組めるわけでもないのです。

したがって，個々のチェック作業の効率化を図るとともに，全体として，チェック作業の数を減らしていく努力が必要であるということを忘れないようにしましょう。言い換えれば，ミスのリスクに対応するチェック方法を考えるだけでなく，**リスクそのものをなくしたり，軽減する方法も考えていきましょう**。

たとえば，毎月の伝票にて「○年○月分電気料金」のような記載をしていると，伝票をコピーしたときに修正漏れのリスクがあるため，チェック作業も省略できません。
しかしそもそも「○年○月分」の記載は本当に必要なのかと考えるべきでしょう。伝票日付で何月分の費用かを容易に特定できるのであれば，最初からそんな摘要は必要ないのではないでしょうか。

作業効率化では，「**無駄な作業をなくす**」ということが非常に重要になります。
「こうすれば，このチェックはいらないのではないか」「こうすれば，こっちのチェック作業と統合してチェックできるのではないか」という目線を常に持ちながら，業務を行っていきましょう。

Strategy 6 のまとめ

- 経理高速化のためには，丁寧に作業し，手戻りを発生させないことが不可欠。よって，自己チェックによりタイムリーにミスを発見することが肝要になる。

- チェック作業は効果的かつ効率的に行わなければならない。ケアレスミスが多い人は，これができていない。

- 効果的かつ効率的にチェックを行うためには，ミスが発生するリスクを認識・評価し，そのリスクに対応したチェック方法を選ぶ必要がある。

- あらかじめミスのリスクが予想されている場合は，チェック項目の漏れを防ぐため，チェックリストを作成しておくことが望ましい。

- 人間の目は数字を読むのが苦手であり，目視チェックはあまりアテにならない。目視でチェック漏れが生じる可能性を踏まえてチェック方法を検討する必要がある。

- Excelの作業シートでは，要所にポカヨケを仕込んでおく。このとき，条件付き書式を設定することで，エラー検出をアピールする仕組みを作るとよい。

- 集計や突合せにはSUMIF関数が便利だが，集計漏れや重複を避けるため，COUNTIF関数を併用するとよい。

- チェック作業自体は作業を前に進めるものではないため，リスクを減らし，チェック作業を減らす努力を続けることが大切である。

Strategy 7
比較分析で異常値を発見する

Section 1　やたらとハナが利く人々

(1) 間違いを見つけ出すノウハウ

監査法人の公認会計士や，税金計算をお願いしている顧問税理士，あるいはできれば来ないでほしい税務調査官など，ときどきやってきては帳簿をチェックする外部の人がいます。

彼らは短い期間で非常に効率よく間違いを指摘するため，すこし気分を悪くしながらも，「よくこんな短時間で間違いを見つけられるなぁ」と感心することはないでしょうか。

彼らは経理とは少し業務範囲が異なり，ある意味では間違いを探すプロです。もちろんすべての仕訳をチェックすることはしないので，見逃された間違いは数知れずあるにせよ，少なくとも利益に甚大な影響を及ぼすような大きな間違いは，巧妙に隠されないかぎり見逃しません。

なぜ彼らは，あんなにも間違いを探すのがうまいのでしょうか。その裏には，彼らの経験値からくるプロとしてのカンも当然あるのですが，それ以上に，重要な間違いを発見するための高度なノウハウがあるのです。

(2) 間違いは異常値の下にある

どんなノウハウかを簡単に言えば，**財務諸表の比較分析を行い，異常な値が存在していないか，存在しているとすれば原因は何かについて，徹底的に調べること**です。あまり変動しないはずの会計数値が急激に変動していたり，思ったような変動がなかったり，あるいは変動するはずなのに変動していなかったりといった，「意外な結果（＝異常値）」になっていたら，納得がいくまで徹底的に原因を分析し，間違いではないかを確認しているのです。

監査法人の1年目などは，インチャージと呼ばれるリーダーの指示の下，各監査法人で作られたマニュアルに従って，徹底的に財務諸表の異常値さがしを行っています。監査法人が，新人とはいえ貴重な人員を単純作業に投下するのは，その作業がそれだけ重要だからなのです。

Section 2　異常値に対する嗅覚がキャリアを磨く

（1）管理職には必須の嗅覚

これらの外部専門家と経理は少し業務範囲が異なると上述しましたが，彼らが培ったノウハウは，実は社内の経理部にとっても非常に強力な武器になるものです。

まず，異常値を発見する嗅覚は，経理課長以上の管理職にとって必須のスキルと言えるでしょう。

財務諸表全体に対して作成責任を持つ管理職は，同時に財務諸表を説明する責任を持っています。なぜ売上高が○％増えたのか，なぜ銀行からの借入金が○○百万円増えたのかといった，会計数値の裏側にある「経営」そのものを理解し，経営者や銀行，投資家などに理路整然と説明できなければいけません。そのためにはまず異常値を発見し，わからなければ事前に責任者に聞いておかなければなければならないのです。

（2）担当領域の異常値は事前に見つけておこう

では管理職ではない一般の経理部員は，異常値を気にしなくてもいいのでしょうか。

当然ながら，管理職が異常値に気づいたとき，最初に問い合わせるのは部下である経理担当者です。そして尋ねられた経理担当者は即答できなければ，自分で関連部署の担当者に聞いて分析することになるでしょう。

したがって，少なくとも自分の担当領域に関しては，上司に言われる前に常に異常値をウォッチしておき，その原因を把握しておくといいでしょう。上司の質問に対し，迅速・的確に回答できると，「できる奴」として認識してもらえるでしょう。

管理職か否かには限らず，会計を生業にする者としては，会計数値から会社の状況を読み取らなければなりません。そのためには，通常と異なる結果である異常値に注目することが，もっとも効率的なのです。

Section 3　異常値のチェックは最後にやるもの？

異常値チェックは，決算の最後には必ず行うべきものです。

決算ではチェックリストなどを使って作業漏れがないように作業を進めますが，それでも仕訳の切り忘れやミスの見落としは怖いものです。とはいえ，限られた時間で再度チェックリストを確認するのも大変です。そこで，最後に異常値をチェックし，追加作業や漏れた仕訳，重大な誤りがないか確かめるのです。つまり異常値チェックが終わって，初めて決算が締まったと言えるでしょう。

では，異常値のチェックは最後にやるものかというと，決してそういうわけではありません。**日々の経理作業のひとつひとつで，異常値がないか目を光らせておく必要があるでしょう。**

【図表7－1】

2015年9月30日

（株）古旗商事様　9月度　コピーメーターチャージ請求明細

店番	検針日	当月使用枚数	控除枚数（0.5％）	請求対象枚数	@単価	金額	消費税	御請求額
1	2015/9/13	1,355	6	1,349	¥2.5	¥3,342	¥267	¥3,509
2	2015/9/13	2,517	12	2,505	¥2.5	¥6,232	¥499	¥6,544
3	2015/9/12	1,841	9	1,832	¥2.5	¥4,550	¥364	¥4,778
4	2015/9/13	1,672	8	1,664	¥2.5	¥4,130	¥330	¥4,337
5	2015/9/13	4,607	23	4,584	¥2.5	¥11,430	¥914	¥12,002
6	2015/9/13	3,340	16	3,324	¥2.5	¥8,280	¥662	¥8,694
7	2015/9/10	796	3	793	¥2.5	¥1,952	¥156	¥2,050
8	2015/9/12	630	3	627	¥2.5	¥1,537	¥123	¥1,614
9	2015/9/13	2,372	11	2,361	¥2.5	¥5,872	¥470	¥6,166
10	2015/9/17	2,878	14	2,864	¥2.5	¥7,130	¥570	¥7,487
11	2015/9/13	201,497	7	201,490	¥2.5	¥503,695	¥40,296	¥528,880
12	2015/9/13	1,977	9	1,968	¥2.5	¥4,890	¥391	¥5,135
13	2015/9/13	1,423	7	1,416	¥2.5	¥3,510	¥281	¥3,686

【図表7－1】は，総務部から受け取った，店舗別のコピー機使用料の資料です。あなたはこの資料をもとに，毎月コピー機使用料を各店舗の部門別損益に振り分けていくという作業を担当しているとしましょう。

1店舗だけ，使用額が妙に大きい店舗が存在しているのがわかりますでしょうか。もし毎月のことでなければ，これが異常値なのです。原因はこの資料だけではわかりません。実際に何らかの必要があって大量のコピーをしたのかもしれないし，総務部や取引先のミスかもしれません。前者であれば店舗の費用にしてしまって問題ないのですが，後者であれば修正を依頼する必要があります。いずれにせよ，担当者としては調べておき，適宜上司に報告したり，質問に備えたりする必要があります。

私が小売業で経理をしていたとき，顧客サービス関連の負債計上額が異常に大きかったため調査したところ，従業員の不正が発覚したことがあります。

このように異常値の発見は早期であるほうがよく，日常業務の段階から目を光らせておくことが望ましいでしょう。

Section 4　異常値チェックの基本は「比較分析」

（1）異常値とは，正常値の逆

異常値を探そうとすると，当然ながら，その逆である「正常値とは何か？」ということを考えなければなりません。「正常値以外が異常値」ということになるからです。

では，正常値とは何かを平たく言えば「おおむね予想どおりの，容易に納得できる範囲内の数値」ということになるでしょう。

（2）異常値は一律の基準で捉えるのが基本

しかし数値の感じ方は千差万別で，ましてや新人に正常値か異常値か判断させるというのは無茶なものです。そこで監査法人では，新人でも一律で機械的に判断ができるように，たとえば「前年対比で当期純利益の○％分の変動があれば異常値と定義する」といった，明確な基準を用意しています。

このように，**何か一律の基準で異常値を機械的にあぶりだすのが異常値チェックの基本**であり，会計監査では初心者から上級者までが必ず行う手法なのです。社内の経理部もこの手法を取り入れ，新人のときから経験させるべきだと思います。

（3）直感も意識的に磨いていこう

ただし同時に，正常値や異常値を体で感じる直感も磨いてほしいと思います。これは，管理職になれば自然と身についていくスキルだと思いますが，一般経理部員であれば意識しないとなかなか身につかないでしょう。

しかしこれは，経理パーソンのキャリアを開くうえで強力な武器になるものです。ぜひ意識的にスキルアップしていただきたいところです。

Section 5　金額と比率の２つの条件で抽出する

（1）重要なものに絞ってチェックする

異常値かどうかを一律の基準で調べるためには，金額と比率の２つの条件（AND条件）で抽出すると効率的です。たとえば，「300万円以上，“かつ”，20％以上の差額であれば異常値と考える」という具合です。

AND条件にする理由は，財務諸表全体から見て些末な変動であれば手間をかけて調べる必要はないし，低割合の変化であれば調べても原因がわからないから，ということになります。

たとえば，前期の売上高が1,000億円の会社で，今期は1,005億円であったとしても，おそらく原因を追求するのは困難でしょう。0.5％程度の変動は，特に理由がなくても生じうるからです。

一方，同じ会社で前期80万円だった租税公課が100万円に増加していたら，おそらく原因はすぐにわかるでしょう。しかし会計上のインパクトは低いので，あまり時間をかける意味はありません。ざっと摘要を見て間違いではなさそうだという印象さえ受けられれば十分でしょう。

（2）ハードル基準をどう設定するか

では，このハードルとなる基準はどのように設定すればいいでしょうか。

実はこの基準設定については，ある程度感覚にゆだねるしかないのです。金額や割合を高めると見逃しのリスクが高くなり，低くするとその分時間がかかります。ちょうどいい水準というのは一概には決められないところなのです。

これはその会社の財務諸表を長く見てきて，さらに財務諸表の精度について責任を持つ管理職と相談するのがベストでしょう。管理職としてどこまでのミスが許容できるか，たとえば，「税務調査で指摘されたときに問題を感じる金額」などを考えるといいのではないかと思います。

Section 6　ここでも大活躍するSUMIF関数

(1) 余計な作業を発生させない

本書でたびたび登場する**SUMIF関数**（サムイフ）は，経理にとって本当に使い勝手がいいもので，異常値チェックのための比較分析でも大活躍してくれます。

Ｂ／ＳやＰ／Ｌを比較する際，各勘定科目の行を合わせて横に並べる必要があります。この際，会計システムによっては，金額ゼロや勘定科目の追加があったときに，前期と当期の科目順序が一致しない場合があります。

こんなとき，勘定科目を検索条件としてSUMIFを使えば容易に合わせることができるのです。

(2) オリジナルな組替えも簡単

また，不要な科目をあえてピックアップしなかったり，元データにはない行を追加したり（たとえば売上総利益の下に「粗利率」の行を追加するなど），科目の順番を並べ替えたりできることもSUMIFのメリットのひとつです。

企業が大きいと，売上高の内訳として「商品売上高」や「受取手数料」などが独立の勘定科目として区分されていることがあります。そんなときSUMIFを使えば，不要な科目の行を削除する必要もなく，各内訳やトータルの数値だけを表示することができるのです。

(3) 繰り返しの作業も効率的

さらに比較分析を行う場合は，会計システムから出力された元データをそのまま貼り付ければSUMIFで自動に転記されるようにしておくといいでしょう。なぜなら比較分析は一度きりではなく，繰り返し行うからです。

比較分析の結果発見された間違いを修正後，再度比較分析を行うこともありますし，そもそも決算作業が完了しきる前に比較分析を行うこともあります。

そのため，**何度でも簡単に更新し，繰り返し使えるようにしておくことが，経理の高速化には不可欠**なのです（【図表７－２】）。

【図表７－２】

	A	B	C	D	E	F	G	H	I
1	前年同期比比較分析シート								
2				（単位：千円）				【当期数値単純貼付けスペース】	
3		前期	当期	増減額	増減率	増減理由		売上高	55,257,627
4	売上高	51,352,582	55,257,627	3,905,045	7.6%	店舗数7.2%増加		売上原価	35,039,106
5	売上原価	32,746,828	35,039,106	2,292,278	7.0%			売上総利益	20,218,521
6	売上総利益	18,605,754	20,218,521	1,612,767	8.7%			役員報酬	540,000
7	粗利率	36.2%	36.6%			値上げ政策を行った		給与手当	6,573,060
8	役員報酬	540,000	540,000	0	0.0%			雑給	4,385,723
9	給与手当	5,853,126	6,573,060	719,934	12.3%	人員9.8%増		賞与	376,443
10	雑給	3,735,720	4,385,723	650,003	17.4%	時給高騰		法定福利費	493,208
11	賞与	327,342	376,443	49,101	15.0%			福利厚生費	608,273
12	法定福利費	433,038	493,208	60,170	13.9%			採用教育費	827,394
13	福利厚生費	573,542	608,273	34,731	6.1%			旅費交通費	26,734
14	採用教育費	387,264	827,394	440,130	113.7%	人材不足		通信費	2,633
15	旅費交通費	25,763	26,734	971	3.8%			水道光熱費	8,527
16	通信費	2,461	2,633	172	7.0%			減価償却費	604,320
17	水道光熱費	6,832	8,527	1,695	24.8%	電気代値上がり		荷造運賃	5,734
18	減価償却費	573,341	604,320	30,979	5.4%			支払手数料	157,624
19	荷造運賃	5,730	5,734	4	0.1%			雑費	5,924

SUMIF 関数でデータが移動するようにしておけば，元データが変更になっても簡単に比較しなおせる（上の例では同一シートに貼付けているが，単純貼付専用のシートからリンクするのがおすすめ）
※　粗利率の行が追加されている点も注目ください。

Section 7　具体的な比較分析の例

それでは具体的な比較分析の例を見ていきましょう。

以下ではいくつかの比較方法を紹介しますが，これらの比較手法をすべて使う必要はありません。場面場面でどんな数値とどのように比較すべきかを考え，もっとも効率よく異常値を見つける方法を採用するのがポイントです。

(1) 理論概算値との比較

平成28年1月現在，消費税率は地方消費税を併せて8％です。

したがって，仮受消費税等の決算整理前残高は，売上高の8％に近似するはずです。端数処理があるため厳密に8％になることはないのですが，6％や10％であれば誤りである可能性が高いでしょう。

多くの会計システムでは，科目別に発生額と対応する消費税額が集計できます。そこで次頁の**【図表7－3】**のように，あるべき消費税額と消費税率を算出してチェックするといいでしょう。

【図表7－3】の例の場合，給与手当（普通は全額課税対象外のため消費税は発生しない）と旅費交通費（8％から乖離している）に何らかのミスが生じている可能性があります。

消費税に限らず，**このように概算値が出せる場合は，どの程度理論値と離れているかしているか確認するといいでしょう。**

たとえば売掛金の回収サイトが60日の会社であれば，売掛金残高は直近2カ月の税込売上高に近似するはずです。売掛金，買掛金，棚卸資産の伸び率は売上高の成長率とある程度近いことが多いでしょう。また，支払利息の額は借入金の期中平均残高（(期首＋期末)÷2）に約定利子率を掛けた額とあまり離れないことが多いはずです。

こう考えていくと，理論値と突合せたくなる数値は無数にあります。すべての数値についてExcelで分析するのは難しいので，とにかく思いついたら電卓をたたいて確認し，数値が乖離しているようであればExcelを使って分析する，という順序で調べていくとよいと思われます。

【図表7－3】

前提：会計システムから出力した科目別消費税集計表

勘定科目	発生額	発生消費税額
課税商品売上高	52,494,745,650	4,198,004,810
非課税商品売上高	2,762,881,350	0
課税商品仕入高	36,883,269,432	2,948,448,558
非課税商品仕入高	1,941,224,707	0
役員報酬	540,000,000	0
給与手当	6,573,060,498	5,430
雑給	447,343,746	0
賞与	38,397,217	0
法定福利費	50,307,216	0
福利厚生費	62,043,846	4,957,489
採用教育費	84,394,188	6,748,497
旅費交通費	2,726,868	171,356
通信費	268,594	21,477
水道光熱費	869,754	69,496
減価償却費	61,640,640	0
荷造運賃	584,868	46,784
支払手数料	16,077,648	1,286,125
雑費	604,248	48,252

異常値チェックの列を追加

勘定科目	発生額	発生消費税額	税率チェック	あるべき税額	差額	差異率
課税商品売上高	52,494,745,650	4,198,004,810	8.00%	4,199,579,652	−1,574,842	−0.04%
非課税商品売上高	2,762,881,350	0	0.00%		0	
課税商品仕入高	36,883,269,432	2,948,448,558	7.99%	2,950,661,555	−2,212,996	−0.08%
非課税商品仕入高	1,941,224,707	0	0.00%		0	
役員報酬	540,000,000	0	0.00%		0	
給与手当	6,573,060,498	5,430	0.00%		5,430	
雑給	447,343,746	0	0.00%		0	
賞与	38,397,217	0	0.00%		0	
法定福利費	50,307,216	0	0.00%		0	
福利厚生費	62,043,846	4,957,489	7.99%	4,963,508	−6,018	−0.12%
採用教育費	84,394,188	6,748,497	8.00%	6,751,535	−3,038	−0.04%
旅費交通費	2,726,868	171,356	6.28%	218,149	−46,793	−21.45%
通信費	268,594	21,477	8.00%	21,487	−11	−0.05%
水道光熱費	869,754	69,496	7.99%	69,580	−84	−0.12%
減価償却費	61,640,640	0	0.00%		0	
荷造運賃	584,868	46,784	8.00%	46,789	−6	−0.01%
支払手数料	16,077,648	1,286,125	8.00%	1,286,212	−87	−0.01%
雑費	604,248	48,252	7.99%	48,340	−88	−0.18%

発生消費税額÷発生額
８%に近似しなければ異常値

発生額×８%
どれだけ理論値と
離れているか確認

（2）前年同期との比較

概算値ではなく，実績の数字をベースにする方法としては，前年同期との比較が基本になります。これは季節変動を受けやすいＰ／Ｌ科目や売掛金・買掛金を調べるときに，特に活躍する方法です。売掛金や買掛金の場合は，取引先ごとの残高を突合せてみましょう。

Ｐ／Ｌ科目の場合，期間は12カ月間，３カ月間，１カ月間と，期間を変えて多面的に比較してみるのもいいでしょう。12カ月間のうちにひとつだけ異常な取引が仕訳されていても，母数が大きいと目立たない場合が多いからです。

特に四半期ごとに前年同四半期と比較すると，見落としがちな変動も見えやすくなりますし，期中の定期チェックという意味でも非常に効果が発揮されます。

（3）直近３～12カ月での月次比較

これは，月次の試算表を横に並べて推移をチェックする方法です（**【図表７－４】**）。それぞれの月の数値が別の月の数値を互いに比較しあっているため，増減額や増減率を算出する必要は必ずしもありません。全体を眺めながら，勘定科目ごとに月々の数字の動きを目で追って，変動を「体感」する意識で見ていきましょう。

この方法は，Ｂ／Ｓ科目を理解するのに適しています。なぜなら，Ｂ／Ｓの変動はＰ／Ｌに比べてゆるやかで，突発的な変化や全体の傾向が掴みやすいからです。

慣れてくると他の方法を使わなくても，Ｂ／Ｓ推移を眺めているだけで会社の状況がある程度理解できるようになってくるでしょう。特に決算前には事前準備として，その年度の残高がどのように変化しているか，すべてのＢ／Ｓ科目ごとにチェックしましょう。

【図表7－4】B／Sの月次推移

	2015年3月	2015年4月	2015年5月	2015年6月	2015年7月	2015年8月	2015年9月
現金	3,086	2,812	2,953	3,100	3,094	2,961	3,233
普通預金	7,456	7,828	8,549	8,976	9,403	8,961	9,410
売掛金	3,077	3,071	2,938	3,208	3,369	3,529	3,854
有価証券	4,000	5,000	5,000	5,000	5,000	5,000	5,000
商品	17,147	18,004	19,661	20,644	21,627	20,610	21,641
貯蔵品	25	25	24	26	27	28	27
未収入金	3,188	3,051	3,331	3,498	3,664	12,848	12,244
仮払金	0	0	0	0	0	0	1
前払費用	1,114	1,217	1,278	1,338	1,405	1,472	1,403

※　8月に未収入金が急増している

また，P／L科目であっても，役員報酬や減価償却費のように基本的に変動しない科目や，毎月ほぼ同じような水準が計上される科目を並べると，すぐにイレギュラーな取引が掴めるようになります。

支払手数料のように，規則的に発生する費用と不規則に発生する費用が混在している科目でも，Strategy 3で解説したように適切に補助科目を設定しておけば，補助科目単位で簡単に異常値をチェックすることができます（**【図表7－5】**）。

【図表7－5】支払手数料の補助別発生額推移

支払手数料 補助科目別発生額推移表

	2015年4月	2015年5月	2015年6月	2015年7月	2015年8月	2015年9月
監査報酬	1,500,000	5,500,000	1,500,000	1,500,000	1,500,000	1,500,000
税理士報酬	300,000	2,300,000	300,000	1,300,000	300,000	300,000
社労士報酬	250,000	250,000	250,000	250,000	250,000	250,000
経理ｺﾝｻﾙ報酬	700,000	200,000	200,000	400,000	200,000	200,000
ﾋﾞﾙ清掃料	30,000	30,000	30,000	30,000	30,000	30,000
弁護士顧問料	500,000	500,000	500,000	500,000	500,000	500,000
ｼｽﾃﾑ保守料	200,000	200,000	200,000	200,000	200,000	200,000
建物警備料	50,000	50,000	50,000	50,000	50,000	50,000
その他	52,200	684,200	678,400	1,587,360	587,340	220,034
支払手数料合計	3,582,200	9,714,200	3,708,400	5,817,360	3,617,340	3,250,034

毎月基本的に同額のものとそうでないものを区別しておくと，異常値が掴みやすい

（4）四半期単位の2～3カ年比較

四半期単位でB／SやP／Lを並べ，前後の四半期と比較してみるのも有効です。この場合2～3カ年のデータを並べるといいでしょう。月単位の場合と同様に，全体を俯瞰しながら科目ごとに変動を眺めていきましょう。

四半期単位で比較することの利点は，大きなスパンでトレンドを俯瞰すると同時に，四季に合わせた季節変動の状況が眺められることにあります。

現在の会社が置かれた事業環境の大きな流れがわかってくるとともに，3カ月に一回の異常値チェックをすることができるのです。

（5）計画値との対比

上場会社であれば，原則として期首に業績予想値を発表していますし，非上場会社であっても損益計画を作成している会社は多いでしょう。これと実際のP／Lを比較することも有効な比較分析手段です（**【図表7－6】**）。

このような比較については，「予実分析」と呼んで経営企画部が担当している会社もあるかと思います。その場合はわざわざ経理で重複した作業をする必要はなく，経営企画部の分析結果を共有させてもらえばいいでしょう。

ただ，経営企画部に任せきりにすることなく，経理でも異常値がないか，経営企画部の分析に妥当性があるかを検証しましょう。せっかくの簡単に異常値チェックができるチャンスですので，他部署の担当だからと何もしないのはもったいないことです。

【図表7－6】予算実績比較

	A	B	C	D	E	F
1	予算実績比較分析シート					
2				（単位：千円）		
3		予算	実績	差異額	差異率	増減理由
4	売上高	56,300,000	55,257,627	−1,042,373	−1.9%	下期値上げによる減(
5	売上原価	36,144,600	35,039,106	−1,105,494	−3.1%	
6	売上総利益	20,155,400	20,218,521	63,121	0.3%	
7	粗利率	35.8%	36.6%			下期値上げ政策によろ
8	役員報酬	540,000	540,000	0	0.0%	
9	給与手当	6,310,000	6,573,060	263,060	4.2%	想定より退職者が少な
10	雑給	4,100,000	4,385,723	285,723	7.0%	時給高騰
11	賞与	350,000	376,443	26,443	7.6%	
12	法定福利費	470,000	493,208	23,208	4.9%	
13	福利厚生費	580,000	608,273	28,273	4.9%	
14	採用教育費	750,000	827,394	77,394	10.3%	人材不足
15	旅費交通費	27,000	26,734	−266	−1.0%	
16	通信費	2,800	2,633	−167	−6.0%	
17	水道光熱費	7,400	8,527	1,127	15.2%	電気代値上がり
18	減価償却費	600,000	604,320	4,320	0.7%	
19	荷造運賃	6,000	5,734	−266	−4.4%	
20	支払手数料	180,000	157,624	−22,376	−12.4%	コストダウン効果
21	雑費	6,000	5,924	−76	−1.3%	
22	販管費合計	13,929,200	14,615,598	686,398	4.9%	
23	営業利益	6,226,200	5,602,923	−623,277	−10.0%	

計画と対比することのメリットは，期中段階から経営者が計画達成を目指して意識的に経営を行っていることにあります。

経営者は月々の実績と計画達成率を見比べ，売上高が足りなければ販促を行うし，利益が足りなければコスト削減を模索しているはずです。あるいは，利益が出過ぎたときに投資を前倒しして圧縮する場合もあるものです。

特に株主や投資家に対してコミットした計画値は経営者にとってのゴールであり，これに届かなかったり，大きく超えてしまっていれば，それ相応の理由があるはずです。そしてその理由は，経営管理の上でもIRの上でも非常に重要な情報であり，時間とコストをかけてでも分析する価値があるものです。もし何の理由もなく乖離しているようなら，何らかのミスが隠れている恐れがあるといえるでしょう。

（6）速報値との比較

計画を外部にコミットしているなどして，経営者の計画達成への意識が強い会社の場合，一般の経理とは別に，月次業績の速報値を社内で出していることがあります。すなわち，経理の帳簿入力完了を待たずに，収益や費用の数値は計画どおりの数値になりそうかどうかを各部署にヒアリングし，月初２～３営業日のうちにExcel上で概算のＰ／Ｌを作ってしまうのです。

この作業は経理が担当している場合もあるし，経営企画部が担当している場合もあるかと思います。

この速報値は，金額の小さな費用等は原則無視して，金額の大きなものだけをざっくりと反映させたものです。したがって，多くの場合は「当たらずとも遠からず」といった数値になるはずです。そこで，これときちんと記帳した後の数値を見比べ，大きな乖離が生じていないかを確認しましょう。

速報値はあくまで速報値のため，結構な金額の差異が生じることも，決して珍しいことではありません。

このような場合は速報値が間違っていることが多いのですが，なぜ差が出たかについてはしっかりと分析しておきましょう。経営者に必ず訊かれるところですし，ちゃんと調べてみたら実は経営企画部が作った速報こそが正しかった，という恥ずかしいこともたまにはあるものです。

（7）経営指標や管理会計数値の推移比較

上記までは，財務諸表に直接記載される帳簿上の金額をメインに見る方法を紹介してきましたが，直接帳簿には表れない，各種経営指標の推移分析も，非常に有効な比較分析手法と言えます。

小売業や卸売業であれば，売上高総利益率（粗利率）や棚卸資産回転率といった数値は安定しやすく，大きく変動した場合は何らかの外部要因，経営施策，もしくは経理上のミスの可能性あります。
一方でサービス業であれば人件費率や労働分配率が安定しやすいでしょう。製造業であれば，限界利益率と固定費総額は安定しやすいと思われます。このような安定しやすい指標の推移を追ってみて，実際に安定しているか，異常な変動は生じていないかを確認しましょう。

財務諸表から抽出できる数値だけではなく，非財務情報も交えた管理会計的視点から分析するのも有効な手段です。

人件費は正社員の頭数の変動とある程度連動する会社が多いでしょう。一人当たり人件費の推移が安定しているかを確認しましょう。
小売業であれば，店舗数や来店客数と売上高には明確な相関関係があるはずです。こちらは１店舗当たり売上高や客単価といった指標の推移から読み取れるはずです。

このような管理会計的な分析指標は，探せばいくらでも作れてしまいます。そのため，**社内ですでに重視している戦略指標を第一に選びましょう。**
指標のチョイスそのものが，会社が長年培ってきたノウハウのひとつであり，また，統制がとれた組織であれば従業員もその指標を意識して動いているはずです。指標に大きな変動があった場合，すでに社内で原因を分析・把握していることが多く，未だ原因不明という場合には，責任部署が率先して分析してくれるでしょう。

Section 8　分析結果は必ず書き残そう

最後に，**比較分析の情報と，異常値を発見して原因を分析した際の結果は，必ず書き残しておきましょう**。もちろん自分のノートではなく，データに残して共有しましょう。

（1）理由1：外部専門家との情報共有

異常値分析の結果を書き残す理由のひとつは，監査法人や税理士の質問を事前に封じることです。

監査法人に買掛金などの相手先別残高の変動理由について質問を受けたことがある方であればわかると思うのですが，彼らの込み入った質問に対応するのは非常に時間と労力が奪われます。監査法人が作った変動状況のリストをプリントアウトし，知っていそうな人に申し訳なさそうな顔をして訊いて廻らなければなりません。場合によっては購買担当者に対して，「買掛金とは何か？」というところから説明しなければいけないこともあります。

実は経理にこのような調査を依頼することは基本的に嫌がられるため，監査法人側でもあまりやりたくないものなのです。とはいえ，大きな変動については自分で納得ができるまで（上司を納得させる材料が揃うまで）質問しつづけなければならない，というのが，彼らの仕事の大変なところでしょう。

その点，経理担当者がすでに分析した結果を共有し，自分が気づいた範囲で調査結果を書き留めておくと，監査法人としても非常にやりやすくなります。疑問に思った点はまず経理の分析結果を参照し，それでもわからないときだけ質問すればよくなるからです。

実際には，彼らもある程度会社の言い分を疑わなければならない義務を負っていますので，多少の質問はされるのですが，その数と負担は大幅に軽くなります。

私は事業会社内経理，監査法人，税理士法人のそれぞれの立場で仕事をしたことがありますが，この３者が適切に情報共有されていると，３者それぞれにとって非常に仕事が楽になることを実感しています。

（2）理由２：備忘録として

さて，分析結果を書き留めておく理由はもうひとつあります。それは非常に単純で，書き留めておかないと忘れてしまう，ということです。

前年度と当年度を比較した場合，当年度の数値は１年後，前年度数値となって再度比較されることになります。このとき，前年数値が正常値なのか，何らかのイレギュラーな状況なのかがわからないと，調べなおすことになったり，２年連続で発生した異常値を見逃したりする恐れがあるのですが，たいていの場合は忘れてしまっています。

これは比較分析に限らず，何か作業をした際は，その内容をまとめておくのは仕事の基本です。経理では忙しいときこそ基本を愚直に続けることが重要なのです。

Strategy 7 のまとめ

- 異常値を的確に捉えることは，間違いを見つけるうえでも，また財務諸表を理解し説明するうえでも，非常に重要なことである。

- 決算の最後には異常値チェックは欠かせないが，最後に行うものではなく，常に目を光らせておく必要がある。

- 異常値は金額と比率のAND条件でフォーカスする。基準は管理職と相談して決めるとよい。

- SUMIF関数を使うことで，比較表のフォーマットを柔軟に設計でき，また繰り返しの比較分析も容易に行える。

- 比較分析は，理論概算値，前年同期，月次推移などを適宜組み合わせて行う。それぞれ長所があるため，ケースごとに最適な方法を選ぶとよい。

- 分析結果は必ず書き残す。監査法人や税理士とも共有して時間を短縮し，また次回忘れないようにすることができる。

終章

経理パーソンのスキルとキャリア

Section 1　経理スキルは誰のものか

本書では，これまでの章において，経理業務を高速化していくために，大局的・長期的視点から，経理パーソンが身に着けるべきITツールの活用戦略を紹介してきました。最後に，経理パーソンのスキルについて，私見を書きとどめて本書を締めたいと思います。

(1) 経理は自由な職業

私は，経理は比較的自由な職業だと考えています。それは，**会社や組織に縛られる度合いが低い職業**ということです。

どの会社にもローカルルールがあるもので，経理業務も様々なローカルルールに左右されることが多いのですが，他の業種に比べてその程度が低い仕事だと思っています。私は会計の世界に入る前は営業マンとして仕事をしていましたが，社内のプロジェクト推進プロセスや独特の根回し方法に苦労したことを覚えています。一方で，営業担当者に売上ノルマもインセンティブもない会社であり，これも非常に珍しいことでした。転職の際に大変驚かれたものです。

その会社独自のローカルルールというものは，ときに転職の妨げになったり，スキルが勤続年数に固定的に比例してしまったりして，息苦しさを感じることがあります。簿記という広く普及したシステムと体系的な資格制度のお蔭で，経理にはローカルルールが少なく，その息苦しさも比較的少ないように感じています。

私はこの，組織に囚われず，年功序列にも囚われず，スキル次第で環境を変えられる自由さが，経理の仕事の一番楽しいところだと考えています。もちろん，実際には組織の煩わしさや年功序列に無縁ではありませんが，他の仕事に比べてはるかに軽微なのではないでしょうか。

（2）自由とは，競争である

組織に囚われない自由は，同時に，組織に守られない厳しさでもあります。経理パーソンはある意味替えの効くところが多いため，転職が盛んであると同時に，経理パーソン同士の実力競争も激しい業種です。最近は経理のアウトソーシングサービスも充実しており，経理部ごと廃止されることも増えてきました。

日本社会全体で終身雇用の崩壊が認識されていますが，経理はその先行業種であるように思います。ひとつの会社に長く勤めて出世するのも，転職や人材派遣によってステップアップしていくのも，すべては本人のスキル次第なのです。

その点で，経理が培ったスキルやノウハウは，会社や組織ではなく，経理パーソン本人に帰属するものです。そしてそれは，経理パーソンの将来のキャリアや年収に，確かに貢献してくれるでしょう。**組織に評価されるのを待つのではなく，評価してくれる環境を自分で作っていけるのです。スキルが身についているならば。**

Section 2　経理パーソンは貪欲たれ

（1）経理スキルとしてのウデとアタマ

経理スキルには，２種類あると考えています。ひとつは，実際に経理の仕事を回し，スケジュール通りに正確な情報を作成する力，すなわちウデの部分です。もうひとつは，高度な会計理論を理解して会計処理を決めたり，ときには監査法人と議論する力，すなわちアタマの部分です。

本書では，ウデとアタマのうち，ウデの部分にフォーカスしてきましたが，**経理パーソンとしてのスキルを高めるためには，ウデとアタマの両面での向上が必要です。**

どんなに素早く正確な情報を作り出すウデがあっても，会計知識が簿記２級レベルで止まっているようでは，優秀な経理パーソンとは言えません。同時に，知識が公認会計士クラスであっても，凡ミスばかり繰り返しているようでは，やはり経理パーソンとしては二流でしょう。

経理パーソンは，一挙両得になるように，貪欲にスキルを積み重ねていってほしいと思っています。どちらか不得手な方だけ補強するのではなく，また得意な方だけを伸ばすのでもなく，ウデとアタマの両面で一流を目指してほしいと考えています。

（2）ウデとアタマは同時に鍛える

そのためにはどうすればいいでしょうか。アタマに知識を蓄えるには，少なからず勉強時間が必要になります。すると，どうその時間を確保するかを考える必要があります。つまり，経理業務を高速化するウデを磨くことが必要になるのです。

このように，ウデとアタマは同時に向上させることが可能です。むしろ，**同時に取り組まなければなかなか進まないところでもあります。**

先入観や言い訳の先にはスキルアップはありません。すべてはあなたのやる気次第なのです。

Section 3　使命感を持ち，成長を感じ，経理を楽しむ

（1）経理は使命ある職業

前述のとおり，経理はスキル次第で転職も可能ですが，言うまでもなく，仕事に無責任になってはいけません。

経理が作成する財務諸表は，企業の状況を定量的・客観的に示すものであり，経営者はこれを見て新規投資を考えますし，銀行は融資を審査します。上場会社であれば，機関投資家・個人投資家に限らず，あらゆる人が財務諸表を見て投資判断を下します。

もしこの世から経理がいなくなってしまえば，誰も投資などしないでしょう。よくわからない他人にお金を預けるなど，怖くてできないはずです。少し大仰な言い方をすれば，**世の中のお金のめぐりは経理の仕事なくして成り立たない**のです。

私は，経理に携わる人には，この使命感を心に持っていていただきたいと思っています。

公認会計士の最終試験（修了考査）には「職業倫理」という科目があり，財務報告制度（会計制度）が世の中にとっていかに大切かを学んでいます。しかし私は，実は財務報告制度を支えているのは公認会計士だけではなく，むしろ経理パーソンの仕事のほうが大切であると思っています（もちろん公認会計士

制度は必要不可欠ですが)。

(2) 誇りが仕事を輝かせる

このような誇りをもって仕事にあたっていけば，スキルを磨きたい，成長したいという気持ちも，一層強くなるのではないでしょうか。

日々締切りに追われながら仕事をするのはつらいことです。ましてや経理は同じ作業を繰り返すことが多く，ともすれば何の刺激も感じずに，ただ目の前の業務を片付けるという意識になりがちです。

そんな中でも，**使命感と成長したいという気持ちを持ち続けることができれば，また創意工夫の結果を経理の高速化という形で感じ取ることができれば，仕事は格段に面白くなってくるでしょう。**

たった一度の人生で，仕事をしている年数は大半を締め，その年数のうち，起きている時間の半分は仕事に費やす時間です。仕事は人生のすべてではありませんが，やっぱり仕事は楽しいほうがいいに決まっています。

(3) 誇りを持って，自分の成長を楽しもう

経理は大変な仕事ですが，高速化という目標を掲げ，意識を高くして自分の成長を感じられれば，とても刺激的で達成感のある楽しい仕事です。そして**楽しむことこそが，次の成長の原動力になるのだと思います。**

本書はそんな，社会に対する使命感を持ち，プロ意識が高く，成長の欲求をキャリアに変えたい方のために書き上げました。本書が読者の皆様の一助となり，私の経験が少しでも社会の役に立つようであれば，これに勝る喜びはありません。

巻末付録

経理に役立つ厳選Excelテクニック

本書の巻末付録として，経理に役立つ，しかしあまり知られていないExcelのテクニックを紹介します。

紙幅の都合上，詳細な説明は割愛していますが，「こんな機能があるんだ」という好奇心の端緒としてご参考ください。

関数編

（1）複数条件のAND，OR

IF関数を使うとき，複数の条件式を使用したいことがあります。そんなとき便利なのがAND関数とOR関数です。

AND関数は，カッコ内の複数の条件式がすべて正のときにだけ正とし，ひとつでも偽があれば偽を返します。OR関数は，複数の条件式のうちひとつでも正があれば正を返し，すべて偽のときに偽を返します。

この関数はIF関数と組み合わせて，

```
=IF(AND(A1>=0,A1<=5),“範囲内”,“範囲外”)
```

のように使用します。上記はＡ１が０～５のときに「範囲内」，それ以外のときに「範囲外」を返す式です。

（2）文字列を抜き出すLEFT，MID，RIGHT

文字列のうち，ある一部分を抜き出す関数が，LEFT，MID，RIGHTの3つです。

たとえば，A1セルに「001153　東京商会」という文字列があったとして，

=LEFT(A1,6)

という数式によって，左から6文字（001153）を返してくれます。

（3）エラー値を捌くIFERROR

Excelで計算を行っていると，ときに「エラー値」と呼ばれるものが壁になることがあります。

エラー値とは，数式をExcelが処理できない場合に，処理できなかったことを示す値です。「#N/A」や「#DIV/0!」といった表示を見たことがある方も多いでしょう。
よくあるのが，完全一致でVLOOKUPを使った際，参照リストに指定する検索値が含まれていない場合で，#N/Aが表示されてしまいます。

厄介なことに，エラー値に少しでも絡む数式は，すべてエラー値を返してしまいます。そこで，「エラー値かどうかを判断する関数」として，IFERROR関数を追加しましょう。

たとえば，

=VLOOKUP(C1,A1:B30,2,FALSE)

という数式でエラー値が生じてしまう場合，

=IFERROR(VLOOKUP(5,H3:I7,2,FALSE),0)

という式にすれば，エラー値の場合はゼロに変換され，計算が壊れてしまうことを防げます。

数式編

（1）「&」で文字列をつなげる

数式に「&」を入れると，文字列をつなげることができます。

たとえば，Ａ１セルの内容が「今日」，Ａ２セルの内容が「くもり」という文字列だった場合，

=A1 & "は" & A2

という式を作れば，「今日はくもり」という値が返されます。上記のように，数式内に文字を入れる場合（上記ならば「は」），「"」でくくる必要があります。

インポート機能のためのCSV作成の場面で，摘要を作るときに便利です。たとえば，

=A1&"月分電気料金"

のような数式を組んでおくと，毎月Ａ１の数値を変更するだけで摘要を修正できます。

（2）ワイルドカードであいまい検索

SUMIFやCOUNTIFの条件式は，原則として完全に一致していなければ認識してくれません。たとえば，

=COUNTIF(A:A,"交際費")

という式の場合，A列全体で，値が「交際費」であるセルの数を数えてくれます。しかし，「接待交際費」というセルの場合はカウントされません。

それでは困るといった場合は，"＊交際費" といったように，交際費の前に＊（アスタリスク）を入力しましょう。

このアスタリスクは「ワイルドカード」と呼ばれ，「この部分には何か入るかもしれない」という意味で，部分一致を探す「あいまい検索」に便利です。

このワイルドカード，便利なのですが，どういうわけかIF関数には使えません。そこでIF関数であいまい検索を使う場合はCOUNTIFを組み合わせて，

＝IF(COUNTIF(A1,"＊交際費＊")>0,1,0)

のように表現しましょう。これで，「Ａ１の値に"交際費" が含まれれば１を，そうでなければ０を返す」という数式になります。

（3）「＊１」で文字列を数値に変換する

Excelでデータを操作しているとき，文字列で表記された数字の羅列を数値として認識したくなる場合があります。そんなときは，

=A1＊1

のように，×１してあげると数値に変換されます。

なお，反対に数値を文字列にしたい場合はTEXTという関数を使います。

（4）カッコ内の論理式

=IF(A1>=0,A1,0)

という式は，「A１がゼロ以上ならA１の数値を，それ以外（マイナス数値）ならゼロを返す」という意味ですが，

=(A1>=0)＊A1

という式に書き換えることが可能です。

Excelではカッコ内に論理式（等号や不等号の式）が入っている場合，正ならば1を，偽ならば0を返します。したがって，A１がゼロ以上ならばA１×１，ゼロ未満ならばA１×０という式になるのです。

操作編

（1）Ｆ４で前の操作を再現

Excelで，貼付けやセルの書式設定など，同じ作業を何度も繰り返す場合，Ｆ４キーを押すことで，一個前の作業を再現することができます。

（2）絶対参照のショートカットキー

数式作成中に，数式内のセル参照箇所を選択してＦ４キーを押すと，相対参照を絶対参照に変換できます。

Ｆ４キーを押すごとに，

A1→A1→A$1→$A1→A1→…

といった順番で変換されていきます。

（3）SUM関数のショートカットキー

「Ctrl」＋「Alt」＋「＝」

の３つのキーを同時に押すと，SUM関数が挿入されます。

合計範囲は，セルの周囲の状況を勘案して自動で選択されますが，そのままマウスで任意のセル範囲を選択すると，手動で簡単に修正できます。

（4）上をコピー，左をコピー

セルを選択し，

「Ctnl」＋「D」

と入力すると，ひとつ上のセルの内容をコピーします。また，

「Ctnl」＋「R」

と入力すると，ひとつ左のセルの内容をコピーします。

（5）複数のセルに同時に同じ数値を入力

複数セルに同じ数値を入力したい場合，以下の手順で一気に同じ数値を入力できます。

① マウスドラッグやCtrlキー，Shiftキーを使って，複数のセルを選択

② 入力したい値や数式をキーボードで入力

③ 「Ctrl」を押した状態で「Enter」を押下

（6）Enterキーで右移動させる

普通の設定ではEnterキーを押すと下のセルに移動し，Tabキーを押すと右のセルに移動します。

しかしあらかじめ，マウスドラッグで横一列を選択しておくと，Enterキーでも右に移動してくれるようになります。

キーボード配列の関係でTabキーが押しづらい場合に重宝する方法です。

（7）自動フィル機能

選択したセルの右下に表示される黒い四角形（フィルハンドル）を下方向や右方向にドラッグすると，選択範囲の内容をコピーまたは連続コピーすることはよく知られたところです。

案外知っている人が少ないのが，フィルハンドルをダブルクリックすると，左隣のデータ列が途切れるところまで，下にコピーまたは連続コピーしてくれる機能です（【図表Ｆ－１】）。

【図表F－1】

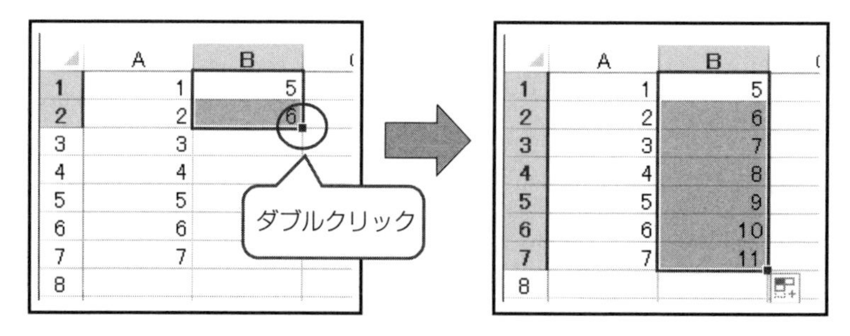

大量のデータを扱う際に非常に便利な機能ですが，左隣のデータ列（【図表F－1】ではA列）の途中で空白があると，コピーもその行で止まってしまいますので，必ず思ったとおりにコピーされているかは確認しましょう。

（8）表の端を選択する

表上のセルを選択し，「Ctrl」＋「↓」を押下すると，表の一番下のセルに移動します。下以外の矢印キーでも同様に移動してくれます。

なお，「Ctrl」＋「Shift」＋「↓」ならば，最初に選択したセルから最下部のセルまでの範囲を選択することができます。

機能編

（1）リストの重複を削除する

特定の範囲内に，重複する複数の値がある場合，「データ」タブの「重複の削除」を選択することによって，内容が重複するセルを削除してくれます（**【図表F－2】**）。

【図表F－2】重複の削除

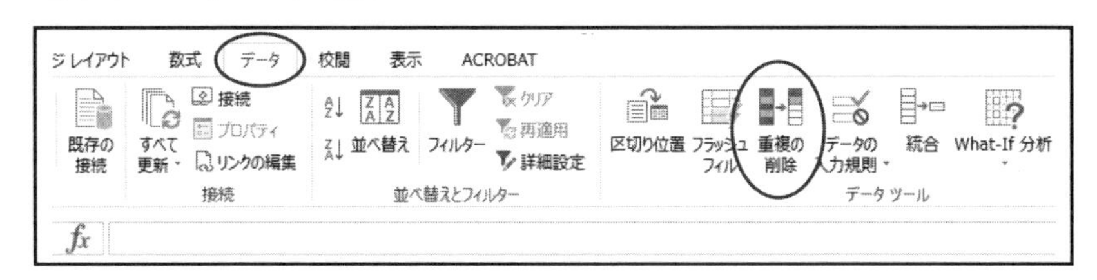

SUMIFで集計用のリストを作る際，重複を削除しなければならないため，この機能は知っていると非常に便利です。

（2）参照先のトレース機能

Excelシートを修正したり，改造したりする際に，セルの削除などが思わぬ影響を及ぼすことがあります。削除したセルが他のセルに参照されていると，参照先のセルでエラー値が発生してしまうためです。

そこで，セルを削除するときは必ず，**【図表F－3】**で示す「参照先のトレース」を行いましょう。「数式」のタブから選択できます。

【図表F－3】参照先のトレース

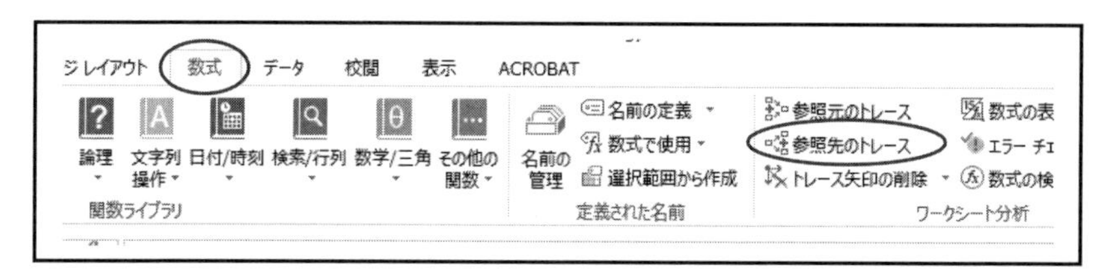

この機能を使うと矢印が表示され，選択されているセルの値がどのセルに参照されているかをわかりやすく表示してくれます。

このとき，「アクティブセルを参照している数式はありません」というメッセージが表示されると，そのセルを参照しているセルが存在しないということになりますので，削除しても特に問題は起こらないでしょう。

おわりに

本書は私の初めての出版であり，これまでの人生でもっとも長い文章でした。

経理パーソンとして，自分が試行錯誤から磨いたスキルを，何らかの形で社会に還元することはできないかと思っていたところで本書を書くチャンスをいただき，不思議なご縁に感謝するばかりです。

ITツールの普及は経理にとって，ルネッサンス期に複式簿記の手法が生まれて以来の大転換であろうと考えています。現在の経理の世界はまさにその大転換期の真っただ中にあります。世界中の企業によってITツール活用の試行錯誤が行われておりますが，いまだ体系化されるような洗練された仕組みの確立には至っていないように思います。

本書がその数百年に一度の仕組みの確立に，まったく不十分ながら，ひとつの試案を提言するという役割を持つことを願っています。ITツールの活用術ではなく、活用戦略という，ある意味では新しいジャンルにおいて，いつか本書を批判する書籍が生まれることを，ひとつの夢と考えています。

そしてその議論の相手が，今本書をお読みのあなたであれば，筆者としてこの上ない幸福と思います。皆様が本書の内容をマスターし，それを超える視点を身に着けていただく日を待ち望んでやみません。

本書は企業での経理経験のある税務経理協会の日野西資延氏にお話をいただき，初歩的なご指導をいただいた末に，なんとか書籍の体裁になり，出版までこぎつけられました。

また書籍を執筆するにあたり，改めて多くの方に情報交換をさせていただきました。特に経理の現場をリーダーとして取り仕切っておられる大上敏行先生，経理とシステムエンジニアの２面で高いスキルをお持ちの前田晃輔先生を初めとして，企業内会計士の諸先生方にはお忙しいなかでご助力・ご助言をいただきました。深く感謝申し上げます。

平成27年12月

公認会計士　　古旗　淳一

著者紹介

古旗　淳一（ふるはた　じゅんいち）
公認会計士。長野県長野市出身。金沢大学卒。
公認会計士試験合格後，コンサルティング会社，会計事務所を経験したのち，東証一部上場企業にて社内経理に携わる。現在はM&A・連結会計・組織再編税制の分野で活躍中。

著者との契約により検印省略

平成28年１月10日　初版第１刷発行

経理高速化のための
７つのITツール活用戦略

著　者　古　旗　淳　一
発行者　大　坪　嘉　春
印刷所　税経印刷株式会社
製本所　牧製本印刷株式会社

発行所　〒161-0033 東京都新宿区下落合２丁目５番13号　株式会社 税務経理協会
振　替　00190-2-187408　電話 (03)3953-3301（編集部）
ＦＡＸ　(03)3565-3391　(03)3953-3325（営業部）
URL　http://www.zeikei.co.jp/
乱丁・落丁の場合は，お取替えいたします。

ISBN978-4-419-06303-0 C3034